Rom
und die Philosophie

Auswahl aus den Schriften Ciceros
(* 106 † 7.12.43 v. Chr.)

herausgegeben von Hans-Eberhard Pester

Schöningh Verlag

© 1977 Ferdinand Schöningh, Paderborn

© ab 2004 Bildungshaus Schulbuchverlage
Westermann Schroedel Diesterweg Schöningh Winklers GmbH
Braunschweig, Paderborn, Darmstadt

www.schoeningh.de
Schöningh Verlag, Jühenplatz 1–3, 33098 Paderborn

Das Werk und seine Teile sind urheberrechtlich geschützt.
Jede Nutzung in anderen als den gesetzlich zugelassenen Fällen bedarf der
vorherigen schriftlichen Einwilligung des Verlages.
Hinweis zu § 52a UrhG: Weder das Werk noch seine Teile dürfen ohne eine
solche Einwilligung gescannt und in ein Netzwerk gestellt werden.
Das gilt auch für Intranets von Schulen und sonstigen Bildungseinrichtungen.

Druck und Bindung: Friedrich Pustet, Regensburg

ISBN 3-14-010717-X

Inhaltsverzeichnis

		Text	Seite
Vorwort			5

1. Abschnitt: Die Philosophie und die Römer

1. Kapitel:	Das Novum	1– 4	11
2. Kapitel:	Die Rechtfertigung	5– 9	14

2. Abschnitt: Die Philosophie und die Gesellschaft

1. Kapitel: Die Rhetorik
   - (a) Die Forderung 10–11   23
   - (b) Die Begründung 12–13   24
2. Kapitel: Die Politik
   - (a) Die Forderung 14   28
   - (b) Die Gegenargumente 15–17   29
   - (c) Die Entkräftung der Gegenargumente
     - (α) Moralisch 18   31
     - (β) Realitätsbezogen 19   33
     - (γ) Philosophisch 20   34
3. Kapitel: Der Staat
   - (a) Die Staatsgründung 21–23   36
   - (b) Die Verfassungsformen
     - (α) Allgemein 24   39
     - (β) Die Monarchie 25   40
     - (γ) Die Aristokratie 26–27   41
     - (δ) Die Demokratie 28–30   43
   - (c) Die Verfallsformen
     - (α) Allgemein 31   46
     - (β) Die Tyrannis 32   47
     - (γ) Der Kreislauf der Verfassungen . . 33   47
   - (d) Die Mischform 34   51

3. Abschnitt: Die Philosophie und das Individuum

Exkurs:	Die Philosophie der Stoa und Epikurs		53
1. Kapitel:	Das Heilmittel	35–39	71
2. Kapitel:	Die Ethik		

  - (a) Allgemein 40   73
  - (b) Die Lehre Epikurs
    - (α) Der Anlaß 41   74
    - (β) Das Ziel 42   75
    - (γ) Die These 43–45   76
    - (δ) Die Richtigstellung 46–48   79
    - (ϵ) Die philosophische Begründung . . 49   83
    - (ζ) Die Widerlegung 50–54   83

	(c)	Die Stoa		
		(α) Die Thematik	55	88
		(β) Das Programm	56	89
		(γ) Der anthropologische Hintergrund	57–58	90
		(δ) Die Verwirklichung	59–63	94

4. Abschnitt: Die Philosophie und die Götter

1. Kapitel:	Die Thematik	64	99
2. Kapitel:	Die Epikureer		
	(a) Die Erkenntnis	65	99
	(b) Die Existenz	66	100
	(c) Das Wesen	67–69	101
	(d) Die Kritik an den Gegnern	70	103
3. Kapitel:	Die Stoa		
	(a) Die Kritik an den Gegnern	71–72	104
	(b) Die Existenz und ihre Konsequenzen	73–74	107
	(c) Die Beschaffenheit	75	107
	(d) Die Leistungen	76–78	108
	(e) Das Verhältnis zum Menschen	79–81	110

Quellenverzeichnis der Texte 112

Vorwort

Erstens: Der Text

I Die Thematik

Philosophie ist als Fach in der reformierten Oberstufe fest etabliert. Daß es so etwas wie eine **römische Philosophie** gibt, erfährt sogar der Lateinschüler nicht immer, noch weniger, daß diese Philosophie um ihre Existenzberechtigung hat kämpfen müssen und in Fachkreisen noch heutzutage umstritten ist. Das vorliegende Buch möchte dem Lateinschüler der Oberstufe Gelegenheit geben, sich in die Problematik Philosophie im Denk- und Sprachraum des Römers einzuarbeiten, und damit zu einer Fächerverbindung Latein – Philosophie beitragen.

II Die Autoren

(1) Sprachlich

Welche Autoren soll man heranziehen? In der derzeitigen Bemühung, das Lateinische für die Schüler zu retten, werden Versuche unternommen, dem Schüler die Beschäftigung mit dieser Sprache schmackhaft zu machen. Zwei Richtungen sind modern: Die eine verweist auf die Tatsache, daß es **mittelalterliches** Latein gibt, und zwar mit einer Fülle von interessanten Themenkreisen, die den modernen Menschen anzusprechen in der Lage sind. Oder man entfernt sich noch einen Schritt weiter vom Klassischen weg, indem man ein **Thema** in den Mittelpunkt stellt und dieses von Autoren verschiedener Zeiten und Sprachen bearbeiten läßt – mit dem Erfolg (und auch der Absicht), daß der lateinische Beitrag eben nur noch als einer unter vielen anderen erscheint. Das Opfer, das die erste Gruppe zu bringen hat, liegt in dem Verzicht auf das sog. klassische Latein; wir fragen, ob sich dann Latein überhaupt noch lohnt. Die Frage an die zweite Gruppe lautet: Weshalb erscheint der lateinische Beitrag in einer **lateinischen** Reihe?

Könnte er doch nun auch in einer anderen erscheinen. – Beide Bemühungen um Motivierung werden getragen von der Einsicht: Latein ist längst nicht so verstaubt und altmodisch, wie es oft propagiert wird; es gibt lateinisches Gedanken- und Schriftgut noch viel später: zu einer Zeit, die unseren Lebensraum in gleicher Weise beeinflußt hat wie das (zu oft beschworene) Erbe der Antike. Und zweitens: Es gibt Themenkreise, die sich durch alle Zeiten hindurchziehen, sich stets wiederholen, nie veralten.
Zu begrüßen sind die vorgenannten Modernisierungsbemühungen in jedem Falle. Ob sie zu realisieren sind, ist die Frage, weil das sogenannte klassische Latein vom Sprachlichen her für den Lateinunterricht grundlegend ist, und zwar nicht etwa als eine Lektüre unter anderen, sondern als eine solche, die gebührend lange Zeit im Mittelpunkt zu stehen hat – ein Konservativismus, den wir nicht weiter begründen zu müssen meinen. Der Autor, der in diesem Zusammenhang auch weiterhin eine maßgebende Rolle spielt, ist **Cicero**. Auf Heranziehung anderer lateinischer Autoren mußte im Rahmen der vorliegenden Ausgabe verzichtet werden.

(2) Inhaltlich
So weit zum Sprachlichen. Vom Inhaltlichen her, Philosophie im römischen Sprachraum: hier kann ohnehin keine Ausgabe an Cicero vorbeigehen. Nun werden Ciceros philosophische Schriften auch für den Schulgebrauch ediert. Wiewohl diese verdienstvolle Arbeit und Bemühung um Verständlichmachung in keiner Weise geschmälert werden darf, erhebt sich die Frage, inwieweit dem Schüler zugemutet werden kann, **Ganzschriften** zu lesen. Gerade Ciceros Weitschweifigkeit der (gewiß überaus kunstvollen) Darstellung, das Für-, Gegen- und Ineinander der Philosophenschulen, die hieraus resultierende Überladenheit mit Historischem – kaum selbst dem Fachlehrer zumutbar – erfordert eine Fülle von Erklärungen, mit dem Erfolg, daß man zu lange in einer einzigen Schrift hängen bleibt (es sei denn, man trifft Auswahlen).
Damit erübrigen sich Ganzschriften keineswegs. Vermitteln sie doch einen unersetzlichen Einblick in den Verlauf einer Gedankenkette von Anfang bis Ende. Was sich hier anbietet, sind Ciceros **Reden**. Die **philosophischen** Schriften hingegen bedürfen einer Auswahl. Und diese Mühe will die vorliegende Textsammlung dem Fachlehrer abnehmen.

III Die Auswahl

Eine jede Auswahl erfordert ein Auseinanderreißen der Textabfolge, sie impliziert eine Verfälschung des Autors und dokumentiert die Subjektivität desjenigen, der die Auswahl trifft. Bedenkt man jedoch die Tatsache, daß Ciceros philosophisches Schrifttum (und auch dasjenige anderer Philosophen) ohnehin nicht streng nach systematischen Gesichtspunkten gegliedert ist, so kann aus einer sinnvoll konzipierten Auswahl der Schüler nur Gewinn ziehen.

Die vorliegende Auswahl, subjektiv gestaltet wie eine jede, beansprucht jedoch, nicht willkürlich Themen und Texte aneinandergereiht, sondern unter der Leitung eines zumindest **möglichen Sachzwanges** gestanden zu haben. Daß nicht alle Themenkreise, auf die man stoßen kann, behandelt werden können, versteht sich für eine Schülerausgabe von selbst. Das Inhaltsverzeichnis gibt Schülern und Lehrern eine klare Leitlinie der Themenabfolge, die durch die Textvorlage belegt und begründet wird.

Zu je einem Themenkreis sind bisweilen mehrere Textstellen aufgeführt. Sollten sich diese als entbehrliche Überhäufung herausstellen, so mag ohne Verlust der Gedankenlinie des Ganzen darüber hinweggegangen werden. Empfehlenswert wäre es in diesem Falle jedoch, diese Texte zur Grundlage von Tests und Klassenarbeiten zu machen. Die Fragen und Aufträge könnten hierbei die Rolle der Zusatzaufgabe übernehmen oder doch zumindest Anregungen bieten (Zusatzaufgaben in den Kursen der reformierten Oberstufe!).

Es liegt auf der Hand, daß der Inhalt des ganzen Buches nicht in einem Halbjahr bewältigt werden kann. Und aus diesem Grunde etwa ein ganzes Schuljahr der römischen Philosophie widmen — das hieße wohl die Schüler zu sehr strapazieren. Schließlich sollen auch noch andere Themen und Autoren zur Sprache kommen. Aus diesem Grunde wird der Fachlehrer auch hier möglicherweise eine Auswahl treffen. Was sich aber in diesem Falle empfiehlt, das ist dann jeweils ein ganzer Themenkreis: sei es nun der zweite, dritte oder vierte Abschnitt. Der erste Abschnitt allerdings dürfte von der Thematik her unentbehrlich sein. Hierbei bietet sich dann noch immer die Alternative: entweder eine eingehende Übersetzung der Texte oder (zum Zwecke der Zeitgewinnung) eine zusammenfassende Einführung durch den Fachlehrer.

IV Die Textgestaltung

Die teilweise recht schwierigen lateinischen Perioden ließen es notwendig erscheinen, Sinneinheiten als solche auch durch die entsprechenden Satzzeichen auszuweisen. Im Vergleich zu anderen Ausgaben findet sich hier also öfter ein Semikolon (anstelle des zweideutigen Kommas); oder es wurde direkt ein neuer Satz begonnen. Schwierige Unterordnungen sind bisweilen durch Gedankenstriche abgehoben (obwohl es sich nicht um eine Parenthese im eigentlichen Sinne handelt). Der Doppelpunkt, eine für den Schüler syntaktisch schwer zu begreifende Vorliebe von Herausgebern antiker Texte, wurde durch Semikolon oder Punkt ersetzt. Er wurde aber bisweilen dort eingeführt, wo ein schwer zu erkennender AcI beginnt (wo viele Herausgeber ein Komma setzen und der Schüler irritiert fragt, wieso hier vor einem AcI ein Komma steht).

Zweitens: Die Interpretation

Ein wesentlicher Bestandteil dieses Buches ist neben dem deutschen Begleittext der interpretatorische Teil. Durch gezielte Fragen und Aufträge soll der Schüler gezwungen werden, sich mit der Aussage des Textes und deren Problematik auseinanderzusetzen. Hierbei soll er nun eine jede Antwort, die er gibt, sofort mit dem entsprechenden lateinischen Wort (sofern notwendig: mit der entsprechenden Wortfolge) belegen. Durch stetigen Verweis auf die lateinische Textgrundlage wird dem bekannten Übel: Diskussion aus Freude am Schwätzen, hoffentlich energisch entgegengearbeitet. Was dabei zur Diskussion steht, ist nicht immer nur der jeweils gerade übersetzte Text. Vielmehr wird bisweilen durch Querverbindungen zu anderen Texten der Bogen weitergespannt.
Daß auch die Fragen und Aufträge der Willkür des Herausgebers entsprungen sind, bedarf keiner besonderen Erklärung. Sie sind eine **mögliche** Art der Erschließung des Inhalts. Es mag bisweilen der Anschein erweckt werden, daß der Schüler durch das zum Teil recht engmaschige Netz von Fragen zu sehr gegängelt wird. Sollte man ihm vielleicht nur globale Arbeitsanweisungen („Was steht in dem Text?...") geben? Diesem Vorschlag ist zu entgegnen, daß genau solche allgemein gehaltenen Aufträge dem Schüler nicht weiterhelfen. In diesem Punkte sind Konzessionen

wohl doch unfruchtbar. Daß jedoch grundsätzlich andere (oder zusätzliche) Fragen, Anregungen, Anweisungen oder Denkanstöße möglich sind, das wird sich im Verlauf des Unterrichts von selbst ergeben. Und dem steht dann auch nichts im Wege.

Drittens: Vokabelangaben und Übersetzungshilfen

Was Vokabelangaben und Übersetzungshilfen angeht, so ist ihre Quantität seit eh und je umstritten, und zwar nicht nur bei Schülern, sondern auch bei Lehrern. In diesem Sinne formuliert Schwamborn sehr schön: „Der Kommentar ist zu ausführlich, er ist zu knapp; er gibt zu viele Vokabeln — er gibt zu wenige; die Sacherklärungen sind zu umfangreich — sie sind zu farblos; die Übersetzungshilfen gängeln zu sehr — sie geben zu wenig aus; diese und andere sich widersprechende und ausschließende Urteile kann man im engsten Kollegenkreise über ein und dasselbe Buch hören." (Schwamborn, Cicero, De re publica, Kommentarband, Einleitung, Seite 9; Verlag Schöningh).

Die vorliegende Ausgabe unterscheidet hierbei zwischen bloßen Vokabeln einerseits und Konstruktionshilfen andererseits. Da der Schüler der reformierten Oberstufe ohnehin das Wörterbuch benutzen darf und darüber hinaus zu einer verständigen Handhabung eines Lexikons überhaupt hingeführt werden **soll**, sind die bloßen Vokabelangaben kurz gehalten. — Anders hingegen ist es mit den Übersetzungshilfen bei schwierigen Perioden, deren Bewältigung dem Schüler nicht allein zuzumuten ist. Diesen Passagen wird eine besondere Aufmerksamkeit und ein besonderes Verfahren gewidmet: Sie werden lateinisch umschrieben, und zwar so, wie sie vom deutschen Sprachempfinden her zu erwarten wären. Im Kommentarteil steht an diesen Stellen nicht das Gleichheitszeichen (=), sondern das Zeichen ≈, das so viel bedeutet wie: „übersetze so, als stünde . . .". Die sich einstellenden Germanismen wollen nicht als unverzeihliche Stilwidrigkeiten mißverstanden werden. Sie sind vielmehr sogar beabsichtigt: Umso leichter kann der Schüler hinterher im Vergleich zwischen unserer Ausdrucksweise und der des Originals zu Erkenntnissen stilistischer Feinheiten geführt werden. — Auf Gelehrsamkeit wurde möglichst verzichtet. Griechische Texte in deutscher Übersetzung, sei es als Vorbilder oder als Parallelstellen, oder allein schon der Hinweis auf diese, nutzen dem Schüler nicht viel, solange sie nicht von ihm selbst in Primärlektüre erarbeitet werden können. Nur ein Abriß der Grundgedanken der Stoa und des Epikureismus erschien notwendig, und zwar zum Verständnis der sich anschließenden Diskussion. Auf die dritte Größe in Ciceros philosophischen Schriften: die Vertreter der Akademie, wurde hier vollständig verzichtet.

Abkürzungen bei Querverweisungen:

Zahlen ohne Buchstaben dahinter beziehen sich auf den entsprechenden lateinischen Text, ein F hinter der Zahl meint den entsprechenden Fragen- und Interpretationsteil, ein V die diesbezüglichen Vokabelangaben und Übersetzungshilfen.

1. Abschnitt: Die Philosophie und die Römer

1. Kapitel: Das Novum

Philosophie und Rom – zwei Wörter, deren Verbindung für den Römer keine Selbstverständlichkeit bedeutete. So wurde im Jahre 173 ante Chr. n. eine Gruppe von Philosophen (wegen Propagierung des epikureischen Prinzips der Lust) aus Rom ausgewiesen, 161 desgleichen eine Delegation von griechischen Philosophen und Rhetoren. Initiator war insbesondere der alte Cato, der sich damit gegen das Eindringen des Griechentums überhaupt zur Wehr setzte; allerdings nur mit kurzfristigem Erfolg, denn schon einige Jahre später, 155 ante, weilte wieder eine athenische Gesandtschaft in Rom, die mit ihren philosophischen Lehren nun eine nachhaltige Wirkung auf die Römer ausübte. In der Folgezeit wurde dieser Einfluß noch stärker, was jedoch nicht daran hinderte, daß Vorbehalte nach wie vor einer gänzlich freien Entfaltung im Wege standen.

Wer nun gar als Römer – so Cicero – die griechische Philosophie und damit griechisches Gedanken- und Kulturgut als solches in Rom ansässig machen wollte, der hatte mit der entsprechenden Reaktion der gelehrten Öffentlichkeit zu rechnen. Hiervon sollen die Texte Zeugnis geben. – Aber auch später – nach Etablierung der Philosophie in Rom – wird es Probleme geben, diesmal durch den Gegensatz besonders zweier philosophischer Richtungen, die jede auf ihre Weise den Römer zu beeinflussen und bestimmen trachten (3. und 4. Abschnitt).

Text 1

Non eram nescius – cum, quae summis ingeniis exquisitaque doctrina philosophi Graeco sermone tractavissent, ea Latinis litteris mandaremus – fore, ut hic noster labor in varias reprehensiones incurreret. Nam quibusdam – et iis quidem non admodum indoctis – totum hoc displicet: philosophari. Quidam autem non tam id reprehendunt, si remissius agatur; sed tantum

---

Non eram nescius: Litotes; – **exquisita:** = ausgewählt; – **ea:** ≈ cum ea, quae; – **mandaremus:** Numerus? Wer ist gemeint? **quidem:** = ganz gewiß. Dagegen **quidam** = ein gewisser; – **non admodum indoctis:** Welche rhetor. Figur? – **philosophari:** Deponens! – **reprehendere:** = tadeln; – **remissius:** remissus = nachlässig.

studium tamque multam operam ponendam in eo non arbitrantur. Erunt etiam — et hi quidem eruditi Graecis litteris — contemnentes Latinas, qui se dicant in Graecis legendis operam malle consumere. Postremo aliquos futuros suspicor, qui me ad alias litteras vocent, genus hoc scribendi, etsi sit elegans, personae tamen et dignitatis esse negent.

(1) (a) Was beabsichtigt Cicero? (b) Welche Reaktion widerfährt ihm? (c) Woran genau nehmen seine Landsleute Anstoß? (d) Worüber allerdings reden sie nicht?
(2) (a) Wieviel Gruppen werden angeführt? (b) Nennen Sie die lateinischen Wörter (Pronomina!), mit denen die Gruppen einleitend angesprochen werden!
(3) (a) Skizzieren Sie in Kurzform (ja; nein; ja, aber) die Stellungnahmen zur Beschäftigung des Römers mit griechischem Geistesgut! (b) Welche Gruppe ist am radikalsten in bezug auf das Philosophieren?
(4) Welche Begründungen stecken — auch wenn nur unausgesprochen — hinter den Stellungnahmen?
(5) (a) Welches geistige oder politische Niveau haben die benannten Vertreter? (b) Auf welchem Niveau also setzt Cicero seine eigenen Kritiker an?
(6) Welche generelle Einstellung zur Philosophie hat der Römer dieser Zeit offensichtlich?
(7) Wie beurteilen Sie die einzelnen Argumente?

Noch an anderen Stellen spricht Cicero dasselbe Problem an. Dazu die folgenden Stellen.

Text 2
Qui autem, si maxime hoc placeat, moderatius tamen volunt id fieri, difficilem quandam temperantiam postulant in eo, quod semel admissum coërceri reprimique non potest, ut propemodum iustioribus utamur illis, qui omnino avocent a philosophia, quam his, qui rebus infinitis modum constituant in reque eo meliore, quo maior sit, mediocritatem desiderent.

Tamque: = et tam; — **ponendam:** erg. esse; — **eruditi:** → erudire; — **futuros:** erg. esse; — **vocent..., negent:** Asyndeton; — **personae esse:** = dem Rang entsprechen.

Qui autem—si: ≈ Ii autem, qui, etiamsi . . .; — **moderatius:** moderatus = gemäßigt; — **in eo, quod:** = bei einem solchen Unternehmen, das; — **admissum:** ad-mittere = zu-lassen; — **ut:** ≈ ita, ut; — **modum:** modus = Maß; — **in reque:** ≈ et in re; — **eo . . . sit:** ≈ quae eo melior sit, quo maior sit.

(1) Auf welche Argumente des Textes 1 wird in dieser parallelen Stelle Bezug genommen? Fügen Sie die lateinischen Wörter aus **2** denen von **1F3a** hinzu!
(2) (a) Welcher Gruppe gibt Cicero den Vorzug? (b) Wie begründet er seine Entscheidung gegen die andere?
(3) Was soll heißen, die Philosophie sei ihrem Wesen nach etwas Unendliches?

Text 3

Sunt enim multi, qui omnino Graecas non ament litteras, plures, qui philosophiam, reliqui, qui, etiam si haec non improbent, tamen earum rerum disputationem principibus civitatis non ita decoram putent.

(1) (a) Wieviel Gruppen werden unterschieden? (b) Durch welche lateinischen Wörter (Adjektive) werden sie eingeführt?
(2) Skizzieren Sie die Stellungnahmen!
(3) Wie lautet die Begründung für die letzte Gruppe?
(4) (a) Welche Gruppen von **1F3** treten auch hier wieder auf?
(b) Was für eine Gruppe tritt hier neu hinzu?

In der bisherigen Diskussion sah sich Cicero im wesentlichen zwei kritischen Argumenten gegenüber. Die erste Gruppe beschränkte sich auf eine Kritik an Ciceros Wagnis, griechisches Gedankengut in lateinischer Sprache wiederzugeben, und blieb damit innerhalb der Thematik Griechisches — Römisches. Das Vorgehen der zweiten war radikaler, indem sie eine Beschäftigung mit der Philosophie überhaupt ablehnte. Für beide Stellungnahmen wurden Begründungen vorgegeben; und beiden Argumenten stellt sich Cicero in der folgenden Stelle.

Text 4

Neoptolemus quidem apud Ennium philosophari sibi ait necesse esse, sed paucis; nam omnino haud placere. Ego autem ... necesse mihi quidem esse arbitror philosophari — nam quid possum, praesertim nihil agens, agere melius? —, sed non paucis,

---

principibus: princeps = Oberhaupt.

Neoptolemus: Sohn des Achilles; — **Ennium:** Ennius = römischer Dichter, um 200 vor Chr. Sein Vorbild war Homer; in seinen Jahrbüchern (Annales) behandelte er in Hexametern die römische Geschichte; — **paucis:** erg. verbis; — **placere:** erg. sibi; — **nihil agens:** agere meint hier politische,

ut ille. Difficile est enim in philosophia pauca esse ei nota, cui non sint aut pleraque aut omnia. Nam nec pauca nisi e multis eligi possunt; nec, qui pauca perceperit, non idem reliqua eodem studio persequetur.

(1) Welche Stellungnahme zur Beschäftigung mit der Philosophie wird hier vorgetragen?
(2) Wie entkräftet Cicero diese?
(3) Welche in Text 1 und 2 genannten Argumente treten also auch hier wieder auf und werden von Cicero widerlegt?

2. Kapitel: Die Rechtfertigung

Das Wagnis der Übersetzertätigkeit geleitet Cicero in eine Auseinandersetzung mit der griechischen und lateinischen Sprache bezüglich deren Ausdrucks- und Mitteilungskraft. Das Ergebnis, zu dem er gelangt, wird für die lateinische Sprache so positiv ausfallen, daß man erwarten könnte, Cicero sei nun völlig im Geiste des Philosophischen aufgegangen. In den folgenden Texten weist er diesen Verdacht zurück und rechtfertigt andererseits gleichzeitig seine philosophische Schriftstellerei.

Text 5

Ita sentio et saepe disserui: Latinam linguam non modo non inopem — ut vulgo putarent —, sed locupletiorem etiam esse quam Graecam. Quando enim nobis — vel dicam aut oratoribus bonis aut poetis —, postea quidem quam fuit quem imitarentur, ullus orationis vel copiosae vel elegantis ornatus defuit? — Ego vero, quoniam forensibus operis, laboribus, periculis non deseru-

---

öffentliche Tätigkeit; — **nec...·non reliqua:** ≈ nec idem (vir), qui pauca perceperit, non reliqua. Doppelte Negation beachten! — **persequetur:** persequi = etw. betreiben.

ut: = wie (trotz des Konj., der von disserui abhängig gedacht ist); — **locuples:** = begütert, reich; — **vel dicam:** = oder ich will lieber sagen; — **postea quidem quam fuit quem:** ≈ postquam quidem fuit talis vir, quem; — **ornatus:** = Schmuck, Ausstattung; — **operis:** Unterscheide: opera, ae f. = Arbeit, Mühe, Tätigkeit; ops, opis f. = Macht, Hilfe; opes = Machtmittel, Reichtum; opus, operis n. = Arbeit, Werk; — **operis, laboribus, periculis:**

isse mihi videor praesidium, in quo a populo Romano locatus sum, debeo profecto — quantumcumque possum — in eo quoque elaborare, ut sint opera, studio, labore meo doctiores cives mei, nec cum istis tantopere pugnare, qui Graeca legere malint, ... et iis servire, qui vel utrisque litteris uti velint vel, si suas habent, illas non magnopere desiderent.

(1) (a) Gegen welche Auffassung von Text 1 wendet sich der erste Satz? (b) In welches Verhältnis setzt Cicero die griechische und lateinische Sprache?
(2) Nachdem Cicero im ersten Abschnitt die lateinische Sprache gerettet hat, kommt er im zweiten Abschnitt *(Ego vero ...)* wieder auf sein eigentliches Thema, die Philosophie, zu sprechen. Welches sind die drei Ziele, die er verfolgt?
(3) In Text 1 wurden Befürchtungen bezüglich der römischen *dignitas* laut. Sind diese Bedenken jetzt noch berechtigt?

Text 6

Et si omnia philosophiae praecepta referuntur ad vitam, arbitramur nos et publicis et privatis in rebus ea praestitisse, quae ratio et doctrina praescripserit. Sin autem quis requirit, quae causa nos impulerit, ut haec tam sero litteris mandaremus, nihil est, quod expedire tam facile possumus. Nam cum otio langueremus et is esset rei publicae status, ut eam unius consilio atque cura gubernari necesse esset, primum ipsius rei publicae causa philosophiam nostris hominibus explicandam putavi, magni existimans interesse ad decus et ad laudem civitatis res tam graves tamque praeclaras Latinis etiam litteris contineri. — Eoque me

---

Klimax; — **mihi videor:** = ich glaube von mir; — **praesidium:** = Posten; — **locatus sum:** locare = einsetzen; — **quantumcumque:** = so sehr wie; — **utrisque litteris:** Worauf bezogen? Durch welche zwei Wörter noch einmal aufgenommen?

---

referuntur: referri = sich beziehen auf; — **praestitisse:** prae-stare = voranstehen, übertreffen; leisten, zeigen; — **ratio et doctrina:** ratio = Lehrsystem, doctrina = Lehrbetrieb; beides bezogen auf philosophia; — **requirit:** requirere = quaerere = interrogare; — **tam sero:** Cicero war damals über 60 Jahre alt; — **expedire:** = erklären; — **otio:** otium, nicht zu verwechseln mit odium; — **langueremus:** languere = schlaff/untätig sein; — **unius:** gemeint ist Caesar; — **gubernari:** gubernare ist e. Metapher. Aus welchem Bereich? — **causa:** (+ gen.) = im Interesse von; — **explicandam:** erg. esse; — **magni interesse ad:** = von großer Bedeutung sein für; — **Eoque**

minus instituti mei paenitet, quod facile sentio, quam multorum non modo discendi, sed etiam scribendi studia commoverim. Complures enim Graecis institutionibus eruditi ea, quae didicerant, cum civibus suis communicare non poterant, quod illa, quae a Graecis accepissent, Latine dici posse diffiderent. Quo in genere tantum profecisse videmur, ut a Graecis ne verborum quidem copia vinceremur.

(1) Welche Aufgabe hat die Philosophie allgemein?
(2) (a) Was gibt Cicero als Motiv für seine Übersetzertätigkeit an? (b) Welcher Vorwurf aus Text 1 wird damit entkräftet?
(3) Welcher Erfolg, der ihn in seiner Tätigkeit noch bestärkt, hat sich schon eingestellt?
(4) Verhältnis der lateinischen Sprache zur griechischen: (a) Wodurch ist nach der allgemeinen Ansicht die eine der anderen überlegen? Mit welchen Schwierigkeiten ist die lateinische Sprache behaftet? (b) Welche ablehnende Stellungnahme aus **1**, die Cicero dort anführte, wird hier also wieder vorgebracht?
(5) (a) Welches ist allerdings die äußere historische Voraussetzung für Ciceros Beschäftigung mit der Philosophie? (b) Wie stehen Sie dazu? Vergleichen Sie diese seine Aussage mit früheren Äußerungen Ciceros über die philosophische Tätigkeit als solche. (c) Was wissen Sie über das politische Verhältnis Ciceros zu Caesar?

Text 7

Cum defensionum laboribus senatoriisque muneribus aut omnino aut magna ex parte essem aliquando liberatus, rettuli me . . . ad ea studia, quae retenta animo, remissa temporibus, longo intervallo intermissa revocavi. Et, cum omnium artium,

---

me minus: ≈ Et eo minus me; — **instituti:** institutum = Unternehmen, Vorhaben; **quam multorum:** = von wievielen Männern; — **accepissent** — **different:** Bedeutung des Modus? — **Latine:** = lingua Latina (abl.); — **genere:** genus = Gebiet.

---

defensionum: defensio; Wie heißt die andere Anwaltstätigkeit? — **magna ex parte:** = zum großen Teil; — **aliquando:** = endlich einmal; — **rettuli:** se re-ferre = sich zu(rück)wenden; — **retenta:** re-tinere = zurück-halten, festhalten; **animo:** ≈ in animo; **remissa:** re-mittere = zurück-lassen, nachlässig betreiben; **intermissa:** inter-mittere = dazwischen(kommen) lassen, unterbrechen; — **revocavi:** re-vocare = zurück-rufen, wieder aufnehmen; —

quae ad rectam vivendi viam pertinerent, ratio et disciplina studio sapientiae, quae philosophia dicitur, contineretur, hoc mihi Latinis litteris illustrandum putavi, non quia philosophia Graecis et litteris et doctoribus percipi non posset. Sed meum semper iudicium fuit omnia nostros aut invenisse per se sapientius quam Graecos aut accepta ab' illis fecisse meliora, quae quidem digna statuissent, in quibus elaborarent. Nam mores et instituta vitae resque domesticas ac familiares nos profecto et melius tuemur et lautius, rem vero publicam nostri maiores certe melioribus temperaverunt et institutis et legibus. Quid loquar de re militari? In qua cum virtute nostri multum valuerunt, tum plus etiam disciplina. Iam illa, quae natura, non litteris assecuti sunt, neque cum Graecia neque ulla cum gente sunt conferenda. Quae enim tanta gravitas, quae tanta constantia, magnitudo animi, probitas, fides, quae tam excellens in omni genere virtus in ullis fuit, ut sit cum maioribus nostris comparanda? Doctrina Graecia nos et omni litterarum genere superabat; in quo erat facile vincere non repugnantes.

---

retenta — remissa — revocavi; remissa — intermissa; intervallo — intermissa: 1. Gleichklang (Paronomasie) bedeutungsverschiedener Wörter. 2. Gleichheit (Konzinnität) der Satzteile (Kola) (a) retenta animo — (b) remissa temporibus — (c) longo intervallo intermissa. Dabei Parallelität zwischen (a) und (b), Chiasmus zwischen (a/b) und (c). Cicero bedient sich in den Einleitungen zu seinen Büchern gern solcher rhetorischer Satzfiguren. — **ratio et disciplina:** vgl. 6; — **studio sapientiae:** studium sapientiae = Liebe zur Weisheit, wörtliche Übersetzung des griech. Wortes φιλο-σοφία; Cicero sagt auch wörtlicher: amor sapientiae; — **illustrandum:** erg. esse; — **doctoribus:** ≈ a doctoribus; — **iudicium fuit:** ≈ iudicavi (+ aci): — **quae quidem:** = soweit nämlich; — **elaborarent:** e-laborare = ausarbeiten, sich eindringlich beschäftigen mit; — **quae statuissent ... elaborarent:** ≈ quae quidem tam digna esse putarent, ut in iis elaborarent; — **lautius:** lautus (lavatus = gewaschen) = rein, sauber, glänzend, geschmackvoll. Gemeint ist die vornehme Lebenshaltung des Römers im Gegensatz zu den verarmten Griechen, die als sordidi (= schmutzig) verschrien waren; — **temperaverunt:** temperare = das rechte Maß beachten, regulieren; — **disciplina:** Kasus! — **Quid loquar:** Praeteritio, — **Iam:** = Nun aber erst, vollends; — **conferenda:** con-ferre = zusammen-tragen, vergleichen; — **Quae ... quae ... quae:** Anapher; — **excellens:** = hervorragend; — **in ullis:** erg. gentibus oder populis; — **comparanda:** comparare = conferre; — **non repugnantes:** ≈ nos, quia non repugnavimus. re-pugare = zurückkämpfen, sich zur Wehr setzen; — **excitanda:** excitare = in die Höhe richten.

Nach einem Vergleich zwischen Griechen und Römern bezüglich Dichtkunst, Musik, Rhetorik und Mathematik kommt Cicero auf die Philosophie zurück und stellt fest:

Philosophia iacuit usque ad hanc aetatem nec ullum habuit lumen litterarum Latinarum; quae illustranda et excitanda nobis est, ut, si occupati profuimus aliquid civibus nostris, prosimus etiam — si possumus — otiosi.

(1) (a) Welche äußere Voraussetzung zum Philosophieren und (b) welches Anliegen Ciceros werden auch hier wieder vorgetragen?
(2) Erarbeiten Sie Ciceros Stellungnahme zum Griechischen: (a) Wie lautet sein globales Urteil hinsichtlich der Römer im Vergleich zu den Griechen? (b) Wie lauten die differenzierten Angaben über die römischen Leistungen? (c) Welcher Bereich allein wird den Griechen zugestanden? Wodurch erfährt aber auch dieser noch eine Abwertung?

Text 8

Philosophia nascatur Latinis quidem litteris ex his temporibus; eamque nos adiuvemus nosque ipsos redargui refellique patiamur ... Quodsi haec studia traducta erunt ad nostros, ne bibliothecis quidem Graecis egebimus, in quibus multitudo infinita librorum propter eorum est multitudinem, qui scripserunt. Eadem enim dicuntur a multis, ex quo libris omnia referserunt. Quod accidet etiam nostris, si ad haec studia plures confluxerint. Sed eos — si possumus — excitemus, qui liberaliter eruditi adhibita etiam disserendi elegantia ratione et via philosophantur. Est enim quoddam genus eorum, qui se philosophos

---

his temporibus: Die Begründung dafür liegt in der durch Caesars Alleinherrschaft erzwungenen politischen Untätigkeit; — **redargui refellique:** redarguere und auch refellere heißt = kritisieren. Welche (rhetor.) Figur? — **patiamur:** pati = auf sich nehmen; — **in quibus ... scripserunt:** ≈ in quibus infinita multitudo librorum est propter multitudinem eorum, qui scripserunt; — **referserunt:** refercire = bis zum Übermaß vollstopfen; — **ex quo ... referserunt:** ≈ ex quo fit, ut omnia libris referserint; — **nostris:** erg. scriptoribus; — **eos:** = *nur* eos; — **liberaliter:** dem Freien geziemend, anständig, reichlich; **ratione et via:** = auf vernunftgemäße Weise, metho-

appellari volunt, quorum dicuntur esse Latini sane multi libri, quos non contemno equidem, quippe quos numquam legerim. Sed quia profitentur ipsi illi, qui eos scribunt, se neque distincte neque distribute neque eleganter neque ornate scribere, lectionem sine ulla delectatione neglego. Quid enim dicant et quid sentiant ii, qui sunt ab ea disciplina, nemo ne mediocriter quidem doctus ignorat. Quam ob rem, quoniam, quem ad modum dicant, ipsi non laborant, cur legendi sint, nisi ipsi inter se, qui idem sentiunt, non intellego.

(1) Auch hier ist wieder ganz klar das Programm angegeben. Ziehen Sie die vorhergehenden Textstellen zum Vergleich heran!
(2) Was wird über die griechische Literatur gesagt? Wie wird sie hier beurteilt?
(3) Das Wort *excitare* kam schon einmal vor in **7**. Offensichtlich ist damit ein weiteres Anliegen Ciceros angesprochen. Welches ist das Objekt zu *excitemus* in **8** und welches das Subjekt zu *excitanda* in **7**?
(4) In Absetzung von einigen zeitgenössischen Möchtegern-Philosophen formuliert Cicero seine Anforderungen an jegliches philosophische Schrifttum. Wie lauten diese Wörter (Adverbien, Substantiv), und wie stellen Sie sich dazu?

Text 9

Quamquam ... libri nostri complures non modo ad legendi, sed etiam ad scribendi studium excitaverunt, tamen interdum vereor, ne quibusdam bonis viris philosophiae nomen sit invisum mirenturque in ea tantum me operae et temporis ponere. Ego

---

disch; **volunt, quorum:** ≈ volunt et quorum; — **sane:** = in der Tat, durchaus; — **esse:** Vollverb! — **quippe:** = allerdings; — **distincte:** = deutlich, bestimmt; — **distribute:** = in logischer Ordnung; — **lectionem:** lectio = Lektüre; — **delectatione:** delectatio = Genuß; — **disciplina:** = Schule, Lehrsystem; — **ab ea disciplina:** ≈ eius disciplinae; — **Quam ob rem ... intellego:** ≈ Quam ob rem, quoniam ipsi non laborant, quo modo dicant, non intellego, cur ... sentiunt.

---

complures: erg. viros; — **bonis viris:** Ironisch oder ernst gemeint ? Die Sekundärliteratur ist geteilter Meinung; — **philosophiae nomen:** Umschreibung mit nomen zur Bezeichnung des Begriffs (Philosophie) in seiner Allgemeinheit. — **invisum:** = verhaßt; — **tantum:** (+ gen.) = so viel

autem, quamdiu res publica per eos gerebatur, quibus se ipsa commiserat, omnes meas curas cogitationesque in eam conferebam. Cum autem dominatu unius omnia tenerentur neque esset usquam consilio aut auctoritati locus . . ., nec me angoribus dedidi, quibus essem confectus, nisi iis restitissem, nec rursum indignis homine docto voluptatibus. Atque utinam res publica stetisset, quo coeperat statu, nec in homines non tam commutandarum quam evertendarum rerum cupidos incidisset! Primum enim — ut stante re publica facere solebamus — in agendo plus quam in scribendo operae poneremus; deinde ipsis scriptis non ea, quae nunc, sed actiones nostras mandaremus, ut saepe fecimus. Cum autem res publica, in qua omnis mea cura, cogitatio, opera poni solebat, nulla esset omnino, illae scilicet litterae conticuerunt forenses et senatoriae. Nihil agere autem cum animus non posset, in his studiis ab initio versatus aetatis existimavi honestissime molestias posse deponi, si me ad philosophiam rettulissem. Cui cum multum adulescens discendi causa temporis tribuissem, postea quam honoribus inservire coepi meque totum rei publicae tradidi, tantum erat philosophiae loci, quantum superfuerat amicorum et rei publicae temporibus. Id autem omne consumebatur in legendo, scribendi otium non

---

(an); — **conferebam:** conferre = darbringen, verwenden; — **unius:** vgl. 6; — **omnia:** ≈ omnis res publica; — **angoribus:** angor = Trübsinn; — **essem confectus:** conficere = erschöpfen; — **indignis . . . voluptatibus:** ≈ voluptatibus, quae homine docto indignae sunt/sint; — **stetisset:** stare = Bestand haben, unerschüttert existieren; — **statu:** status = Zustand; — **stetisset . . . statu:** ≈ stetisset (in) eo statu, quo coeperat; — **quo coeperat statu:** Gemeint ist die Zeit unmittelbar nach Caesars Ermordung; — **homines . . . cupidi:** Antonius und seine Anhänger; — **non tam . . . cupidos:** ≈ qui non tam commutandarum quam evertendarum rerum publicarum cupidi erant; — **commutandarum:** commutare = verändern; — **evertendarum:** evertere = umstürzen; — **nec . . . non:** Doppelte Negation! Was also wäre Ciceros Wunsch gewesen? — **plus:** zu verbinden: plus operae; — **plus operae poneremus:** operam ponere in = seine Mühe verwenden auf; — **scriptis:** scripta = libri; — **actiones:** = Ciceros schriftlich niedergelegte Gerichts- und Staatsreden (litterae forenses et senatoriae); — **nulla esset omnino:** = überhaupt keinen Bestand hatte; — **conticuerunt:** conticere = schweigen; — **animus:** erg. meus; — **in . . . aetatis:** ≈ ab initio meae aetatis in his studiis versatus; — **Cui . . . tribuissem, postea quam:** ≈ Cum (ego) adulescens ei (= philosophiae) multum temporis discendi causa tribuissem, postquam; — **honoribus:** honores = (Ehren-)Ämter der politischen Laufbahn; — **temporibus** = *von* den . . .; — **Id:** erg. tempus; —

erat. Maximis igitur in malis hoc tamen boni assecuti videmur, ut ea litteris mandaremus, quae nec erant satis nota nostris et erant cognitione dignissima. Quid enim est, per deos, optabilius sapientia, quid praestantius, quid homini melius, quid homine dignius? Hanc igitur qui expetunt, philosophi nominantur; nec quiquam aliud est philosophia — si interpretari velis — praeter studium sapientiae. Sapientia autem est — ut a veteribus philosophis definitum est — rerum divinarum et humanarum causarumque, quibus eae res continentur, scientia. Cuius studium qui vituperat, haud sane intellego, quidnam sit, quod laudandum putet.

(1) Inwieweit kann Cicero von einem gewissen Erfolg seiner Übersetzer- und Vermittlertätigkeit sprechen?
(2) Welchem Vorbehalt sieht er sich noch immer gegenüber?
(3) (a) Welcher Umstand hat seine philosophische Schriftstellerei regelrecht erzwungen und damit zu deren Rechtfertigung beigetragen? (b) Wo wurde dieses Argument schon einmal angeführt? (c) Mit welchem hartem Ausdruck bezeichnet er den derzeitigen Zustand des Staates (negativ wertend)?
(4) (a) Vergleichen Sie Ciceros Bewertung des aktiven politischen Einsatzes mit der philosophischen Schriftstellerei (auch über politische Themen). Welcher Bereich steht bei ihm höher im Kurs? Stellen Sie die entsprechenden lateinischen Wörter einander gegenüber! (b) Als was sieht Ihrer Meinung nach Cicero die philosophische Schriftstellerei an?
(5) Bemerkenswert erscheint, daß unter Voraussetzung der obigen Punkte (1) bis (4) — aber auch nur dann! — die Philosophie und damit doch auch die Beschäftigung mit ihr plötzlich eine ganz erstaunlich gute Bewertung erfährt. Welche positiven Merkmale der Philosophie werden aufgeführt?

Thematik des 1. Abschnittes war Ciceros Rechtfertigung seiner eigenen philosophischen Schriftstellerei, spezifisch der Übersetzung griechischen Gedankenguts ins Lateinische. Hierbei sah er sich in eine Auseinandersetzung mit dem Griechischen getrieben. Es mußte ihm darum gehen, das Römische vom Griechi-

---

assecuti: erg. esse; — **videmur:** ≈ arbitramur, putamus; — **praestantius:** praestans = vorzüglich; — **scientia:** vor rerum divinarum setzen! — **Cuius ... vituperat:** ≈ Si (ali) quis huius (=?) studium vituperat.

schen abzusetzen und eine für den Römer eigenständige Position, die seiner Würde entspricht, zu finden. In dieser prinzipiellen Diskussion hatte er den Weg in die Philosophie freigelegt, nicht nur für sich selbst, sondern auch für die anderen. – Nachdem er dieses geleistet hat, stellt sich die Frage: Welchen philosophischen Disziplinen nun wendet sich der Römer – und Cicero – vorzugsweise zu? Dies sollen die Themenkreise der folgenden Abschnitte sein.

2. Abschnitt: Die Philosophie und die Gesellschaft

1. Kapitel: Die Rhetorik

Die erste Disziplin, von der wir zu sprechen haben, betrifft weniger eine philosophische, in welcher spezielle Probleme abgehandelt würden, als vielmehr einen Bereich, zu welchem die Philosophie **hinzuzutreten** hat: die **Rhetorik**. Letztere kann ohne die Philosophie zu keinem erfolgreichen Geschäft werden. Dazu die folgenden Textstellen.

(a) Die Forderung

Text 10

Positum sit igitur imprimis — quod post magis intellegetur —: sine philosophia non posse effici, quem quaerimus, eloquentem; non ut in ea tamen omnia sint, sed ut sic adiuvet ut palaestra histrionem... Nam nec latius neque copiosius de magnis variisque rebus sine philosophia potest quisquam dicere.

(1) Im Vordergrund dieser Textstelle steht die Beredsamkeit. Die Philosophie wird — nach unseren Begriffen — geradezu zu einem **Hilfsmittel**, zu einer Vorstufe degradiert. An welcher Stelle kommt dies besonders zum Ausdruck?

Text 11

Ut ipse ad meam utilitatem semper cum Graecis Latina coniunxi neque id in philosophia solum, sed etiam in dicendi exercitatione feci, idem tibi censeo faciendum, ut par sis in utriusque orationis facultate. Quam quidem ad rem nos — ut videmur — magnum attulimus adiumentum hominibus nostris, ut non

---

post: = postea; — **eloquentem:** eloquens = mit Sprache begabt, beredt; Subst.: = vollkommener Redner; — **sine philosophia ... eloquentem:** ≈ eloquentem, quem quaerimus, sine philosophia effici non posse; — **non ut:** = nicht daß; — **ut palaestra:** = wie eine Ringschule / ein Turnplatz / ein Übungsplatz / eine (Schauspiel-)Schule; — **histrionem:** histrio = Schauspieler.

---

faciendum: erg. esse; — **tibi:** Gemeint ist der Adressat dieser Schrift; — **utriusque orationis:** Kurz darauf definiert Cicero diese beiden Redearten: illud forense dicendi et hoc quietum disputandi genus; — **quidem:** = jeden-

modo Graecarum litterarum rudes, sed etiam docti aliquantum se arbitrentur adeptos et ad dicendum et ad iudicandum.

(1) Was ist Ciceros Motivation für eine Beschäftigung mit dem Griechischen?
(2) Auch hier kommt der Hilfsdienst, den die Philosophie der Beredsamkeit zu leisten hat, zum Ausdruck. Welches lateinische Wort?

(b) Die Begründung

Bedenkt man, daß die Beredsamkeit ihrerseits wiederum im Dienste der Politik und damit des Staates steht, so läßt sich folgende Kausalreihe aufstellen:

Philosophie → Rhetorik → Politik → Staat → Bürger.

(→ = hilfreich für)

Wir mögen geneigt sein, diese Einstufung der Philosophie als etwas arg Äußerliches zu verstehen, und nicht bereit sein, auch nur eine einzige ihrer Aufgaben in einer Hilfsrolle zu sehen. Auch Cicero scheint diese Frage zu kennen. So ist es zu verstehen, daß er der Untersuchung dieses Problems nachgeht. Die folgende Textstelle bietet die historische Begründung dafür, daß Philosophie früher weitaus mehr war als ein bloßes Beiwerk der Rhetorik; und eben diese ursprüngliche Form ist es, die Cicero bei seinen Bemühungen im Blick hat.

Text 12

Hanc ... cogitandi pronuntiandique rationem vimque dicendi veteres Graeci sapientiam nominabant... Eadem autem alii prudentia, sed consilio ad vitae studia dispari, quietem atque otium secuti..., a regendis civitatibus totos se ad cognitionem rerum transtulerunt. Quae vita propter tranquillitatem et propter ipsius scientiae suavitatem, qua nihil est hominibus

---

falls; — **rudes:** rudis = roh, ungebildet; Gegenbegriff wozu (Text!)? erg. viri; — **adeptos:** erg. esse.

---

pronuntiandi: pro-nuntiare = berichten, vortragen; — **rationem:** ratio = richtige Methode; — **Eadem ... dispari** ≈ Alii autem, qui eadem prudentia, sed dispari (ad vitae studia) consilio erant; — **rerum:** res ≈ Natur; — **cognitio rerum:** ≈ philosophia. Als Vertreter dieser Richtung werden Pythagoras, Demokrit und Anaxagoras aufgeführt. — **transtulerunt:** se trans-ferre = sich hinüber-tragen, sich widmen; — **qua:** abl. comp ; —

iucundius, plures, quam utile fuit rebus publicis, delectavit. Itaque, ut ei studio se excellentissimis ingeniis homines dediderunt, ex ea summa facultate vacui ac liberi temporis, multo plura, quam erat necesse, doctissimi homines otio nimio et ingeniis uberrimis adfluentes curanda sibi esse ac quaerenda et investiganda duxerunt. — Nam vetus quidem illa doctrina eadem videtur et recte faciendi et bene dicendi magistra; neque diiuncti doctores, sed iidem erant vivendi praeceptores atque dicendi ... Sed ut homines labore assiduo et cotidiano assueti — cum tempestatis causa opere prohibentur — ad pilam se aut ad talos aut ad tesseras conferunt aut etiam novum sibi ipsi aliquem excogitant in otio ludum, sic illi a negotiis publicis — tamquam ab opere aut temporibus exclusi aut voluntate sua feriati — totos se alii ad poetas, alii ad geometras, alii ad musicos contulerunt ... Atque in his artibus, quae repertae sunt, ut puerorum mentes ad humanitatem fingerentur atque virtutem, omne tempus atque aetates suas consumpserunt. Sed quod erant quidam, iique multi, qui aut in re publica propter ancipitem, quae non potest esse seiuncta, faciendi dicendique sapientiam florerent, ... aut qui minus ipsi in re publica versarentur, sed huius tamen eiusdem sapientiae doctores essent ..., inventi sunt, qui, cum ipsi doctrina et ingeniis abundarent, a re autem civili et a negotiis animi quodam iudicio abhorrerent, hanc dicendi exercitationem exagitarent atque contemnerent. Quorum princeps Socrates fuit; is, qui — omnium eruditorum testimonio totiusque iudicio Graeciae — cum prudentia et

---

uberrimis: uber = ergiebig, reich (haltig); — **adfluentes:** ad-fluere = heranströmen; + abl. = Überfluß haben an; — **duxerunt:** ducere = putare, arbitrari; — **Nam ... magistra:** ≈ Nam illa vetus doctrina videtur (esse) eadem magistra et recte faciendi et bene dicendi; — **diiuncti:** erg. erant. = getrennt; — **assueti:** = gewöhnt; — **cum prohibentur:** Modus! — **pilam:** pila = Ball; — **talos:** talus = Fesselknochen, Sprungbein (an den Hinterfüßen mancher Tiere), Ferse; der (aus diesen Knöcheln gemachte längliche) Würfel; — **tesseras:** tessera = (viereck.) Würfel; — pila, talus, tessera sind drei beliebte Spiele der Römer; das Ballspiel wurde auch noch von älteren Personen betrieben. **feriati:** = feiernd, frei von der Arbeit; — **iique multi:** = und zwar viele; — **ancipitem:** anceps = doppelseitig; zu sapientiam; — **seiuncta:** se-iungere = trennen; — **florerent — versarentur — essent:** konsek. Relativsatz; — **quodam iudicio:** iudic. = Grundsatz; — **exagitarent:** ex-agitare = heraus-treiben, verspotten, mißbilligen; — **cum ... tum:** ! —

25

acumine et venustate et subtilitate, tum vero eloquentia, varietate, copia, quam se cumque in partem dedidisset, omnium fuit facile princeps. Iisque, qui haec, quae nunc nos quaerimus, tractarent, agerent, docerent, cum nomine appellarentur uno, quod omnis rerum optimarum cognitio atque in iis exercitatio philosophia nominaretur, hoc commune nomen eripuit sapienterque sentiendi et ornate dicendi scientiam, re cohaerentes, disputationibus suis separavit. Cuius ingenium variosque sermones immortalitati scriptis suis Plato tradidit, cum ipse litteram Socrates nullam reliquisset. Hinc discidium illud exstitit quasi linguae atque cordis — absurdum sane et inutile et reprehendendum —, ut alii nos sapere, alii dicere docerent. Nam cum essent plures orti fere a Socrate, quod ex illius variis et diversis et in omnem partem diffusis disputationibus alius aliud apprehenderat, proseminatae sunt quasi familiae dissentientes inter se et multum diiunctae et dispares, cum tamen omnes se philosophi Socraticos et dici vellent et esse arbitrarentur.

(1) Ausgangspunkt für Cicero ist vordergründig die Verbindung Philosophie und Rhetorik. Zu letzterer aber tritt — wie Sie leicht aus der aufgestellten Kausalreihe (vor **12**) ersehen können — ein anderes entscheidendes Element hinzu. Deshalb muß die Frage lauten: Welche drei (und nicht nur zwei) Bereiche einer jeden sinnvollen geistigen Tätigkeit unterscheidet Cicero? Suchen Sie die lateinischen Wörter zusammen!
(2) (a) Was wurde von gewissen Leuten bald weniger berücksichtigt? (b) Aus welchen Gründen?
(3) Nun wird Leistung auf dem Sektor des Theoretischen nicht grundsätzlich verurteilt. Welches ist der Kern der Fehlentwicklung — nach Cicero — ?

---

acumine: acumen = Spitze, Scharfsinn; — **venustate:** venustas = Anmut, Feinheit (im Reden); — **subtilitate:** subtilitas = Feinheit, Genauigkeit, (natürliche) Einfachheit (der Rede); — **varietate:** varietas Subst. zu varius; — **quam ... partem:** ≈ in quamcumque partem; quicumque = wer auch immer, was für einer auch immer; — **cum nomine:** ≈ et qui nomine; — **in iis exercitatio:** ≈ exercitatio earum rerum; — **scriptis:** scriptum = liber; — **hinc:** = von hier, von nun an; — **discidium:** = Trennung; — **exstitit:** exsistere = heraus-treten, entstehen; — **sapere:** = schmecken, Geschmack haben; Einsicht/Verstand haben; — **apprehenderat:** apprehendere = anfassen, aufgreifen; — **proseminatae sunt:** pro-seminare = hin-säen, fortpflanzen.

(4) (a) Welche Einstufung erfahren hier Poesie, Mathematik und Musik, sofern sie von Erwachsenen betrieben werden?
(b) Wie ist dies zu erklären?
(5) Welche Rolle spielt die Person des Sokrates?
(6) Mit welchen Worten bezeichnet Cicero diese ganze Entwicklung?
(7) Tragen Sie diejenigen Wörter zusammen, die (a) die ersehnte Einheit und (b) die beklagte Trennung bezeichnen.

Text 13

Sed ut Aristoteles, vir summo ingenio, scientia, copia — cum motus esset Isocratis rhetoris gloria — dicere docere etiam coepit adulescentes et prudentiam cum eloquentia iungere, sic nobis placet nec pristinum dicendi studium deponere et in hac maiore et uberiore arte versari. Hanc enim perfectam philosophiam semper iudicavi, quae de maximis quaestionibus copiose posset ornateque dicere; in quam exercitationem ita nos studiose dedimus, ut iam etiam scholas Graecorum more habere auderemus.

(1) Auch in diesem kurzen Abschnitt liefert Cicero einen Beleg für die historische Einheit von Philosophie und Rhetorik und leitet daraus seine Konsequenzen ab. Mit welchen Worten leitet Cicero diese ein?
(2) Wurde bis jetzt (12) hauptsächlich der Nutzen der Philosophie für die Rhetorik beteuert, so tritt im zweiten Satz (von 13) eine interessante Wendung ein, in welcher beide Momente in ihrer Funktion miteinander vertauscht werden. Was nämlich fordert Cicero von der Philosophie (und zwar, wie er meint, historisch begründet und damit verpflichtend)?

Isocratis: Isocrates = berühmter Redner in Athen, um 400 vor Chr., Verfasser vieler Reden; — **prudentiam:** ≈ philosophiam; — **nec ... et:** = einerseits nicht ... andererseits aber doch; — **pristinam:** = früher, alt; — **Hanc ... iudicavi:** ≈ iudicavi enim semper hanc (dtsch.: ≈ hoc) perfectam philosophiam esse; — **scholas:** schola = Lehrstunde, Vortrag; — **auderemus:** Nicht zu verwechseln: audere, audire, augere, Stammformen!

2. Kapitel: Die Politik

Philosophie und Rhetorik stehen beide im Dienste der Politik. Das ist natürlich eine Theorie, die, genauso wie sie vertreten wird, auch bestritten wird. Mit Vertretern der letzteren Gruppe schlägt sich Cicero herum.

(a) Die Forderung

Text 14

Iis, qui habent a natura adiumenta rerum gerendarum, abiecta omni cunctatione adipiscendi magistratus et gerenda res publica est; nec enim aliter aut regi civitas aut declarari animi magnitudo potest. Capessentibus autem rem publicam nihilo minus quam philosophis, haud scio an magis etiam, et magnificentia et despicientia adhibenda est rerum humanarum, quam saepe dico, et tranquillitas animi atque securitas, siquidem nec anxii futuri sunt et cum gravitate constantiaque victuri. Quae faciliora sunt philosophis, quo minus multa patent in eorum vita, quae fortuna feriat, et quo minus multis rebus egent et quia, si quid adversi eveniat, tam graviter cadere non possunt. Quocirca non sine causa maiores motus animorum concitantur maiorque cura efficiendi rem publicam gerentibus quam quietis, quo magis iis et magnitudo est animi adhibenda et vacuitas ab angoribus. Ad rem gerendam autem qui accedit, caveat, ne id modo consideret, quam illa res honesta sit, sed etiam, ut habeat efficiendi facul-

---

a natura: Natur personifiziert als Schöpferin, deshalb mit Präposition; — **adiumenta rerum gerendarum:** Geistige und körperliche Fähigkeiten, außerdem Abstammung und Vermögen: alles unabdingbare Voraussetzungen für politische Karriere; — **adipiscendi:** erg. sunt; — **capessentibus:** rem publicam capessere = die politische Laufbahn einschlagen; — **haud scio an:** (wörtlich?) = fortasse; — **magnificentia:** ≈ magnitudo animi = Erhabenheit der Gesinnung; — **despicientia:** = Verachtung; — **siquidem:** = quoniam; — **victuri:** erg. sunt; — **faciliora:** = eo faciliora; — **feriat:** ferire = schlagen, treffen; — **Quocirca:** = quapropter = qua re = propterea; - **maiores:** = eo maiores . . . (quo); — **motus:** Substantiv! — **cura efficiendi:** Diese Stelle ist nicht eindeutig überliefert. Andere Herausgeber schreiben: maiora **studia** efficiendi; — **quietis:** quietus = otiosus = in *Ruhe* sein Leben verbringen, ohne sich der Politik zu widmen; — **vacuitas:** Freisein von; — **Ad ... qui:** ≈ Is autem, qui ad rem publicam gerendam accedit. — **modo:** = nur; — **sed etiam:** erg. consideret oder videat; —

tatem. In quo ipso considerandum est, ne aut temere desperet propter ignaviam aut nimis confidat propter cupiditatem.

(1) Durch welche Charaktereigenschaft zeichnet sich nach Cicero ein jeder wahrhafter Politiker aus?
(2) Stellen Sie die Wörter zusammen, mit denen diese Eigenschaft aufgefüllt wird!
(3) (a) Alle diese Eigenschaften in Ehren! Wodurch aber erlangen sie erst ihre eigentliche Bestätigung? (b) Wer versagt hier möglicherweise?

(b) Die Gegenargumente

Text 15

His rationibus tam certis tamque illustribus opponuntur ab iis, qui contra disputant, primum labores, qui sint re publica defendenda sustinendi — leve sane impedimentum vigilanti et industrio neque solum in tantis rebus, sed etiam in mediocribus vel studiis vel officiis vel vero etiam negotiis contemnendum. Adiunguntur pericula vitae; turpisque ab his formido mortis fortibus viris opponitur, quibus magis id miserum videri solet: natura se consumi et senectute, quam sibi dari tempus, ut possint eam vitam, quae tamen esset reddenda naturae, pro patria potissimum reddere. Illo vero se loco copiosos et disertos putant, cum calamitates clarissimorum virorum iniuriasque iis ab ingratis impositas civibus colligunt.

Das letzte Argument belegt Cicero mit Beispielen aus der griechischen und römischen Geschichte.

(1) Welche Argumente werden gegen eine politische Betätigung angeführt?

---

temere: = ohne Plan, ohne Überlegung; — **ignaviam:** ignavia = Trägheit, Mangel an Energie.

---

rationibus: ratio = Erwägung, Überlegung; — **contra:** Adverb! — **qui** ... **sustinendi:** ≈ qui in defendenda re publica sustinendi sint. Warum Konj.? (Wessen Meinung?); — **leve:** = leicht, unerheblich, schwach; — **studiis — officiis — negotiis:** studium = Beschäftigung; officium = Verpflichtung, Amtsverrichtung; negotium = Un-muße, Staats- oder Handelsgeschäft; — **fortibus viris:** gehört zu opponitur (Kasus?); — **tempus:** = facultas; — **tamen:** = doch einmal; — **potissimum:** = wenigstens; — **loco:** locus = Argument.

(2) Wie bewertet Cicero diese?
(3) In wessen Dienst stellt Cicero letztlich das Leben eines jeden Mitbürgers?

Text 16

Illa perfugia, quae sumunt sibi ad excusationem, quo facilius otio perfruantur, certe minime sunt audienda, cum ita dicunt: accedere ad rem publicam plerumque homines nulla re bona dignos, cum quibus comparari sordidum, confligere autem — multitudine praesertim incitata — miserum et periculosum sit. Quam ob rem neque sapientis esse accipere habenas, cum insanos atque indomitos impetus vulgi cohibere non possit, neque liberi cum impuris atque immanibus adversariis decertantem vel contumeliarum verbera subire vel exspectare sapienti non ferendas iniurias.

(1) Welches Argument gegen eine politische Betätigung tritt hier neu hinzu?
(2) Aus wessen Munde kommt dieses Argument?
(3) Die Wörter *dignus, dignitas* mit ihren Gegenteilen sowie *decorus, decus* tauchen in der Diskussion immer wieder auf. Ein jeder beansprucht sie für die Unantastbarkeit seines je eigenen Standpunktes. Ziehen Sie 1-Ende, 3-Ende, 6-Mitte, 9-Anfang letztes Drittel und 16 heran und stellen Sie fest, worauf jeweils sich diese Wörter beziehen!

Text 17

Multi autem et sunt et fuerunt, qui eam, quam dico, tranquillitatem expetentes a negotiis publicis se removerint ad otiumque

---

perfugia: perfugium = Ausflucht, Ausrede; — **quo:** = ut eo; — **cum:** = wenn; — **accedere ad rem publicam:** ≈ capessere rem publicam; vgl. gerere rem publicam; — **confligere:** = zusammen-stoßen; — **praesertim:** = zumal; — **sordidum:** = schmutzig, niederträchtig, gemein; — **habenas:** habena = Zügel (der Staatsführung); — **insanos:** insanus = un-gesund, wahnsinnig, unsinnig; — **indomitos:** in-domitus, a, um = un-gezähmt, unbezähmbar; — **liberi:** = liberi viri esse; — **impuris:** im-purus, a, um = un-rein; — **immanibus:** immanis = ungeheuer (groß), roh, unmenschlich, entsetzlich; — **decertantem:** ≈ decertantis; — **contumeliarum:** contumelia, ae, f = Schmähung; — **verbera:** verber = (Peitschen-)Schlag; — **iniurias:** iniuria = Beleidigung.

expetentes: ex-petere = quaerere; — **se removerint:** se re-movere = sich

perfugerint. In his et nobilissimi philosophi — longeque principes — et quidam homines severi et graves nec populi nec principum mores ferre potuerunt, vixeruntque nonnulli in agris delectati re sua familiari. His idem propositum fuit, quod regibus, ut ne qua re egerent, ne cui parerent, libertate uterentur, cuius proprium est: sic vivere, ut velis. Quare cum hoc commune sit potentiae cupidorum cum iis, quos dixi, otiosis, alteri se adipisci id posse arbitrantur, si opes magnas habeant, alteri, si contenti sint et suo et parvo.

(1) Cicero läßt auch hier seine Gegner sprechen (zu vergleichen etwa 1). Durch welche Adjektive wird er auch hier wieder ihrem hohen Rang gerecht?
(2) (a) Welche Argumente werden vorgetragen? (b) Welche kennen Sie schon aus **15** und **16**?
(3) Wie stehen Sie persönlich zu den in **15, 16** und **17** vorgebrachten Argumenten gegen eine politische Betätigung?
(4) Wem ist — nach Cicero — die Freiheit einer eigenen Lebensgestaltung (*sic vivere ut velis*) vergönnt?

(c) Die Entkräftung der Gegenargumente

(α) M o r a l i s c h
Eine erste Antwort auf die Gegner einer politischen Betätigung gibt Cicero direkt im Anschluß an den soeben vorgelegten Text **17**.

Text 18

In quo neutrorum omnino contemnenda sententia est; sed et facilior et tutior et minus aliis gravis aut molesta vita est otiosorum, fructuosior autem hominum generi et ad claritatem

---

zurück-bewegen, sich zurückziehen; — **In his ... potuerunt:** ≈ In his et nobilissimi fuerunt et quidam homines severi et graves, qui nec ... potuerunt; — **principes:** princeps = vornehm, hochgestellt, anerkannt; — **severi:** = ernsthaft, genau (Grundsätze); — **graves:** gravis = schwer, gewichtig, würdevoll; — **propositum:** = Vorhaben, Vorsatz, Ziel; — **quod regibus:** erg. fuit; — **ut ne ... uterentur:** ≈ propositum, ne (ali)qua re egerent neve (= et ne) (ali)cui parerent et ut (!) libertate uterentur. — **proprium:** = Charakteristikum; — **commune sit potentiae cupidorum:** commune (subst. Adj.) + (gen.) cupidorum + (gen. obj.) potentiae.

---

sententia: Vor neutrorum stellen; — **facilior:** erg. (eis) ipsis; — **molesta:** beschwerlich, unangenehm; — **fructuosior:** fructuosus = gewinnreich, nützlich; — **claritatem:** claritas ≈ gloria, honor; — **amplitudinem:** ampli-

amplitudinemque aptior eorum, qui se ad rem publicam et ad magnas res gerendas accommodaverunt. Quapropter et iis forsitan concedendum sit rem publicam non capessentibus, qui excellenti ingenio doctrinae sese dediderunt, et iis, qui aut valetudinis imbecillitate aut aliqua graviore causa impediti a re publica recesserunt, cum eius administrandae potestatem aliis laudemque concederent. Quibus autem talis nulla sit causa, si despicere se dicant ea, quae plerique mirentur, imperia et magistratus, iis non modo non laudi, verum etiam vitio dandum puto. Quorum iudicium in eo, quod gloriam contemnant et pro nihilo putent, difficile factu est non probare; sed videntur labores et molestias, tum offensionum et repulsarum quasi quandam ignominiam timere et infamiam.

(1) Welche beiden *(neutrorum)* Argumente *(sententia)* von **17** nimmt Cicero auf?
(2) Beide Parteien werden beurteilt: (a) 4 Ausdrücke für die Gegner, (b) 3 für die Befürworter der politischen Betätigung. Welche?
(3) (a) Welche von den letzten drei Beurteilungen ist die stärkste? (b) Warum?
(4) Mit welchen Wörtern bezeichnet Cicero die nicht zu leugnende je **persönliche** Genugtuung, auf die offensichtlich kein Staatsmann verzichten mag?
(5) Noch mehr: (a) Eine der genannten Folgeerscheinungen politischer Macht kann nach Cicero überhaupt kein (normal

---

tudo = Ansehen; — **accommodaverunt:** se accommodare = sich widmen; — **concedendum:** concedere ≈ ignoscere; — **qui ... qui:** ≈ si ... si; — **valetudinis:** valetudo = Gesundheit(szustand); — **imbecillitate:** imbecillitas = Schwäche; — **recesserunt:** a re publica recedere: Gegensatzu zu rem publicam capessere/gerere, ad r. p. accedere; — **cum:** Begründet den Hauptsatz; — **Quibus ... puto:** ≈ Iis autem, quibus nulla talis causa sit et qui (erg. „statt dessen") dicant se despicere ea, quae plerique mirentur, (erg.: „und zwar") imperia et magistratus, (erg.: id argumentum/iudicium) non modo non laudi, sed vitio dandum esse puto; — **imperia et magistratus:** = militärische und zivile Ämter; — **in eo, quod:** = in dem Punkte, daß; — **contemnant:** Modus! Wessen Meinung? — **pro nihilo putare:** = für nichts achten, geringschätzen; — **tum:** ganz besonders aber; — **offensionum:** offensio = vergebliche Bemühung, Niederlage; — **repulsarum:** repulsa = Zurückweisung (bei der Bewerbung um ein öffentliches Amt); — **quasi quandam:** = gewissermaßen eine Art von; — **ignominiam:** ignominia = Beraubung (lat. in) des guten Namens, Schande; **infamiam:** in-famia = (Un-) Ruf, üble Nachrede; davon abh. die beiden Gen. (= als Folge der off. und rep).

empfindender) Mensch zurückweisen. Welche? (b) Wie stehen Sie dazu?
(6) Wie behandelt und bespricht Cicero diejenigen, die die Gegenposition vertreten?

(β) R e a l i t ä t s b e z o g e n
Die Argumente gegen eine politische Beteiligung, die in Text **16** vorgestellt wurden, werden im unmittelbaren Anschluß daran folgendermaßen widerlegt:

Text 19

Proinde quasi bonis et fortibus et magno animo praeditis ulla sit ad rem publicam adeundi causa iustior, quam ne pareant improbis neve ab isdem lacerari rem publicam patiantur, cum ipsi auxilium ferre, si cupiant, non queant! — Illa autem exceptio cui probari tandem potest, quod negant sapientem suscepturum ullam rei publicae partem, extra quam si eum tempus et necessitas coegerit? Quasi vero maior cuiquam necessitas accidere possit, quam accidit nobis! In qua quid tacere potuissem, nisi tum consul fuissem? Consul autem esse qui potui, nisi eum vitae cursum tenuissem a pueritia, per quem equestri loco natus pervenirem ad honorem amplissimum? Non igitur potestas est ex tempore aut cum velis opitulandi rei publicae — quamvis ea prematur periculis —, nisi eo loco sis, ut tibi id facere liceat. — Maximeque hoc in hominum doctorum oratione mihi mirum videri solet, quod, qui tranquillo mari gubernare se negent posse, quod nec didicerint nec umquam scire curaverint, iidem ad

---

Proinde quasi: = Als ob (im Anschluß an den letzten Satz von **16**). — **Proinde ... iustior:** ≈ Proinde quasi viris bonis . . . praeditis ulla causa ad rem publicam adeundi iustior sit, quam (= als) ne (= daß nicht); — **adeundi:** adire ad r. p. = capessere r. p. = gerere r. p.; — **cum ... queant:** ≈ cum (advers.) ipsi auxilium ferre non possint, etsi cupiant (erg. auxilium ferre); — **exceptio:** = Aus-nahme, Einschränkung; Protest; — **cui:** ≈ a quo; — **quod:** = wenn; — **suscepturum:** erg. esse; — **partem (r. p.):** pars ≈ officium; — **extra quam:** = außer; — **Quasi vero:** ≈ Proinde quasi (s. o.); — **nobis:** Bei jeder Gelegenheit verweist Cicero auf sein Verdienst zur Aufdeckung der Catilinarischen Verschwörung; — **consul ... potui:** ≈ Quo modo consul esse potuissem. — **Non ... rei publicae:** ≈ Non igitur est potestas opitulandi rei publicae aut ex tempore aut cum velis — quamvis . . . —, nisi. — **opitulandi:** opitulari = Hilfe bringen; — **ex tempore:** = aus den Zeitverhältnissen/Umständen heraus; — **Maxime ... qui:** ≈ In doctorum hominum oratione hoc mihi maxime mirum videri solet, quod iidem, qui (iidem nach vorn gezogen); — **quod nec:** quod ≈ quia; —

gubernacula se accessuros profiteantur excitatis maximis fluctibus. Isti enim palam dicere atque in eo multum etiam gloriari solent se de rationibus rerum publicarum aut constituendarum aut tuendarum nihil nec didicisse umquam nec docere; earumque rerum scientiam non doctis hominibus ac sapientibus, sed in illo genere exercitatis concedendam putant. Quare: qui convenit polliceri operam suam rei publicae tum denique, si necessitate cogantur, cum — quod est multo proclivius — nulla necessitate premente rem publicam regere nesciant? Equidem, ut verum esset sua voluntate sapientem descendere ad rationes civitatis non solere, sin autem temporibus cogeretur, tum id munus denique non recusare, tamen arbitrarer hanc rerum civilium minime neglegendam scientiam sapienti, propterea quod omnia essent ei praeparanda, quibus nesciret an aliquando uti necesse esset.

(1) Die vorgeführten Argumente widerlegen die Gegner einer politischen Betätigung auf eine sehr einfache und damit wirksame Weise: Die zur Politik grundsätzlich Fähigen und Einsichtigen verwickeln sich in Widersprüche theoretischer und praktischer (realitätsbezogener) Art. — Stellen Sie die hier genannten zwei Argumente gegen eine politische Betätigung (zum ersten Argument vgl. **16**-Ende) und deren Widerlegungen (das 2. Argument hat 2 Entgegnungen) heraus!
(2) Wie beurteilen Sie die Argumente?

(γ) P h i l o s o p h i s c h
Man könnte sich noch immer weigern, die beiden bisherigen Argumentationsgruppen als verpflichtend anzuerkennen. Die unwillige Frage könnte immer wieder lauten: ,,Ja, warum und wozu eigentlich?" Auch auf diese bohrende Frage hat Cicero eine Antwort. So soll als letztes eine kurze Stelle angeführt

---

accessuros: erg. esse. Welche Metapher wieder? — **rationibus:** → **12**; — **concedendam:** erg. esse; — **qui (convenit): qui** ≈ quo modo; — **convenit:** = es verträgt sich, es paßt zusammen; — **cum:** konzess. oder advers.; — **proclivius:** proclivis = bergabgehend; ≈ facile (factu); — **ut:** ≈ etiamsi; — **ad rationes civitatis:** ≈ ad capessendam rem publicam; — **temporibus:** vgl. oben necessitate; ferner tempus et necessitas; — **munus:** ≈ officium, negotium (publicum); — **hanc ... sapienti:** ≈ hanc scientiam rerum civilium sapienti (homini) minime neglegendam esse, propterea quod ei omnia, quibus nesciret, an aliquando necesse esset (iis) uti, praeparanda essent.

werden, die die bisherigen Widerlegungen gewissermaßen philosophisch untermauert und die deshalb von keinem Menschen umgeworfen werden kann.

Text 20

Neque enim hac nos patria lege genuit aut educavit, ut nulla quasi alimenta exspectaret a nobis ac tantummodo nostris ipsa commodis serviens tutum perfugium otio nostro suppeditaret et tranquillum ad quietem locum, sed ut plurimas et maximas nostri animi, ingenii, consilii partes ipsa ad utilitatem suam pigneraretur tantumque nobis in nostrum privatum usum, quantum ipsi superesse posset, remitteret.

(1) Welches ist das entscheidende Argument, auf Grund dessen ein Privatleben des Bürgers letztlich untersagt werden muß und seine Beteiligung am Staatsleben nahezu erzwungen werden kann?
(2) Welchen Stellenwert erhält hiernach das rein Individuelle? Wie drückt sich Cicero hier aus?
(3) Wie beurteilen Sie Ciceros Argument? Sehen Sie außer den positiven auch mögliche negative Folgen?
(4) Die dahinterliegende Frage lautet: Was ist wichtiger: das Individuelle oder das Gemeinwohl? Für Cicero ist diese Alternative im Sinne der zweiten Möglichkeit entschieden. Diskutieren Sie Vor- und Nachteile beider Positionen!
(5) Die Texte **18, 19, 20** wurden vom Herausgeber jeweils mit Überschriften versehen: (α), (β), (γ). Halten Sie — nach ausführlicher Besprechung dieser drei Texte — diese Überschriften für sinnvoll? Haben Sie bessere Vorschläge?
(6) Vergleicht man die zuletzt geschilderten Anstrengungen Ciceros (ab Text **14**) mit denen ab Text **10**, so ergibt sich das interessante Bild eines Zweifrontengefechtes: Einerseits stellt er an jeden wahrhaften Römer *(vir vere Romanus)* die Forderung, sich nicht in den Elfenbeinturm der Wissenschaft und Philosophie zu flüchten, sondern sich auch politisch zu engagieren und den Elementen, die da „zum Rückzug blasen", mit Ent-

---

alimenta: alimentum = Erzieherlohn, Verpflichtung, Gegenleistung; — **tantummodo:** = nur, bloß; — **suppeditaret:** suppeditare = verschaffen; — **animi, ingenii, consilii partes:** animus = seelische Kraft, Gesinnung; ingenium = geistige Begabung, Intelligenz; consilium = praktisches Denken, Entschluß(kraft); — **pigneraretur:** pignerari = zum Pfand nehmen, beanspruchen; — **tantum . . . quantum:** = nur so viel, wie; — **remitteret:** remittere ≈ concedere.

schiedenheit entgegenzutreten; andererseits darf dieses Engagement nicht so weit führen, daß dieser echte Römer darüber den unersetzlichen Dienst eben dieser Philosophie an der Politik vergißt. Erinnern Sie sich, welche Aufgabe Cicero in diesem Zusammenhang der Philosophie zuwies?

3. Kapitel: Der Staat

Die Thematik, inwiefern insbesondere der Philosoph die moralische Verpflichtung zur politischen Betätigung hat, führt uns weiter einen Schritt nach hinten: Was überhaupt ist das Wesen desjenigen Gebildes, dem man seine ganze Mühe opfern soll? Hiermit ist Cicero an einem Komplex angelangt, der der Gegenstand auch und gerade der vorher kritisierten (Nur-)Theoretiker: der Philosophen, war.

(a) Die Staatsgründung

Text 21

Est igitur ... res publica res populi; populus autem non omnis hominum coetus quoquo modo congregatus, sed coetus multitudinis iuris consensu et utilitatis communione sociatus. Eius autem prima causa coeundi est non tam imbecillitas quam naturalis quaedam hominum quasi congregatio; non est enim singulare nec solivagum genus hoc.

(1) Daß zu einem Staat eine Menge von Menschen gehört, dazu bedarf es keiner tiefschürfenden Überlegung. Durch welchen einschränkenden Zusatz gibt Cicero der gegebenen Definition erst ihren Sinn?
(2) Nennen Sie die zwei Möglichkeiten, die als Anlaß zur Staatsgründung genannt werden!

Der Cicero-Text bricht für uns an dieser Stelle ab, da zwei Seiten in der handschriftlichen Überlieferung fehlen. Der Inhalt des

---

coëtus: = Zusammen-kunft; — **quoquo:** quisquis = wer/welcher auch immer, jeder mögliche; — **congregatus:** con-gregare = zusammen-,,horden'', zusammenscharen; — **sociatus:** sociare = vergesellschaften, vereinigen; — **quam ... congregatio:** ≈ quam quaedam naturalis quasi congregatio hominum; — **congregatio:** = Versammlung; — **singulare:** = vereinzelt, individualistisch; — **solivagum:** = allein umherschweifend.

Fehlenden kann jedoch durch einen Bericht des Kirchenschriftstellers Lactantius, der Ciceros Schriften gut kannte und auch an anderen Stellen erwähnt hat, rekonstruiert werden.

Text 22

Urbis condendae originem atque causam non unam intulerunt; sed alii eos homines, qui sint ex terra primitus nati, cum per silvas et campos erraticam degerent vitam nec ullo inter se sermonis aut iuris vinculo cohaererent, sed frondes et herbam pro cubilibus, speluncas et antra pro domibus haberent, bestiis et fortioribus animalibus praedae fuisse commemorant. Tum eos, qui aut laniati effugerant aut laniari proximos viderant, admonitos periculi sui, ad alios homines decurrisse, praesidium implorasse, et primo nutibus voluntatem suam significasse, deinde sermonis initia temptasse, ac singulis quibusque rebus nomina imponendo paulatim loquendi perfecisse rationem. Cum autem nec multitudinem ipsam viderent contra bestias esse tutam, oppida etiam coepisse munire, vel ut quietem noctis tutam sibi facerent, vel ut incursiones atque impetus bestiarum non pugnando, sed obiectis aggeribus arcerent... — Haec aliis delira visa sunt (ut fuerunt) dixeruntque non ferarum laniatus causam fuisse coeundi, sed ipsam potius humanitatem; itaque inter se congregatos, quod natura hominum solitudinis fugiens et communionis ac societatis adpetens esset.

(1) Formulieren Sie die Überschrift des Textes, und zwar aus dem lateinischen Text heraus auf Lateinisch!
(2) (a) Wieviel Theorien trägt Laktanz vor, und (b) mit welchen lateinischen Wörtern leitet er sie ein?

---

intulerunt: in-ferre = an-führen, angeben; — **qui sint:** Modus! Wessen Meinung? — **primitus:** = zuerst; — **erraticam:** erraticus = umherirrend; — **ullo:** zu vinculo; — **frondes:** frons = Laub; — **cubilibus:** cubile = Lagerstätte; — **speluncas:** spelunca = Höhle, Grotte; — **antra:** antrum = spelunca; — **laniati:** laniare = zerfleischen, zerfetzen; — **proximos:** proximus ≈ familiaris, suus; — **nutibus:** nutus = Wink, Geste; — **temptasse:** temptare = anfangen; — **imponendo:** imponere (= auferlegen) + singulis quibusque rebus (dat.) nomina (acc.) — **coepisse:** Als Subj. erg. eos; — **incursiones:** ≈ impetus; — **obiectis:** ob-icere = entgegen-werfen, aufwerfen; — **aggeribus:** agger = Damm; — **delira:** = wahnwitzig, widersinnig; — **laniatus:** Subst. zu laniare; — **congregatos:** erg. esse; — **fugiens:** erg. esset; — **adpetens:** ad-petere = trachten nach.

(3) (a) Charakterisieren Sie die Theorien und heben Sie für jede die entscheidenden lateinischen Termini heraus! (b) Vergleichen Sie diese mit Text **21**!
(4) Haben Sie dieses Thema in ihrem bisherigen Unterricht schon besprochen?
(5) Sehen Sie eine Möglichkeit, sich eventuell für eine der beiden Antworten zu entscheiden? Oder ist die hier gegebene Alternative falsch oder nicht erschöpfend?

Der Cicero-Text **21**, dessen Lücke durch den Laktanz-Bericht **22** ausgefüllt wurde, wird folgendermaßen fortgesetzt:

Text 23

Hi coetus igitur hac, de qua exposui, causa instituti sedem primum certo loco domiciliorum causa constituerunt; quam cum locis manuque saepsissent, eius modi coniunctionem tectorum ,,oppidum'' vel ,,urbem'' appellaverunt delubris distinctam spatiisque communibus. Omnis ergo populus, qui est talis coetus multitudinis, qualem exposui, omnis civitas, quae est constitutio populi, omnis res publica, quae — ut dixi — populi res est, consilio quodam regenda est, ut diuturna sit. Id autem consilium primum semper ad eam causam referendum est, quae causa genuit civitatem.

(1) Im vorletzten Satz wird die Notwendigkeit einer Regierungsform genannt. Im letzten Satz nun wird die allgemeine Grundregel für die Verfassung in Zusammenhang gebracht mit der Motivation zur Staatsgründung. Verstehen Sie diesen Satz?

Hi...instituti: ≈ Hi coetus igitur, qui de hac causa, quam exposui, instituti sunt. — **certo loco:** ≈ in c.l.; — **quam cum:** = cum eam; — **delubris:** delubrum = Tempel, Heiligtum; — **oppidum:** = umfriedeter Raum, *Land*stadt; dagegen: **urbs:** = mit einer Ringmauer umgebene und befestigte größere Stadt, *Haupt*stadt, (meist:) Rom; — **constitutio:** = Anordnung, Organisation; — **referendum est:** referri ad = sich richten nach; — **quae causa:** causa im Dtsch. überflüssig.

(b) Die Verfassungsformen

Nach der einmal vollzogenen Staatsgründung steht die Frage an, nach welcher Verfassungsform der Staat zu lenken ist. Die folgenden Texte besprechen verschiedene Möglichkeiten.

(α) Allgemein

Text 24

Deinde aut uni tribuendum est aut delectis quibusdam aut suscipiendum est multitudini atque omnibus. Quare cum penes unum est omnium summa rerum, regem illum unum vocamus et regnum eius rei publicae statum. Cum autem est penes delectos, tum illa civitas optimatium arbitrio regi dicitur. Illa autem est civitas popularis — sic enim appellant —, in qua in populo sunt omnia. Atque horum trium generum quodvis — si teneat illud vinculum, quod primum homines inter se rei publicae societate devinxit — non perfectum illud quidem neque mea sententia optimum est, tolerabile tamen, et ut aliud alio possit esse praestantius. Nam vel rex aequus ac sapiens vel delecti ac principes cives vel ipse populus — quamquam id est minime probandum — tamen nullis interiectis iniquitatibus aut cupiditatibus posse videtur aliquo esse non incerto statu. — Sed et in regnis nimis expertes sunt ceteri communis iuris et consilii, et in optimatium dominatu vix particeps libertatis potest esse multitudo, cum omni consilio communi ac potestate careat; et cum omnia per populum geruntur quamvis iustum atque moderatum, tamen ipsa aequabilitas est iniqua, cum habet nullos gradus dignitatis.

---

uni: erg. viro; — **tribuendum est:** Als Subj. zu erg.: consilium (aus Text **23**); — **delectis quibusdam:** erg. viris; — **penes:** = apud; — **summa** = Machtbefugnis (über); — **regem ... vocamus:** ≈ illum unum vocamus regem; — **statum:** status = Beschaffenheit, Verfassung; — **arbitrio:** arbitrium = Entscheidungsgewalt; — **sunt omnia:** ≈ est omnis potestas; — **quodvis:** erg. genus; — **tolerabile tamen:** ≈ sed tamen tolerabile; — **principes:** ≈ primi; — **interiectis:** inter-icere = dazwischen-werfen, dazwischentreten (als Störfaktor); — **tamen ... statu:** ≈ tamen aliquo incerto statu esse posse videtur; — **expertes:** ex-pers (ex-pars) = un-teilhaftig, unbeteiligt; nicht zu verwechseln mit ex-pertus (experiri = erproben) = durch Erfahrung versucht, erprobt; — **quamvis:** = wenn auch noch so.

(1) Füllen Sie die folgende Liste mit den wichtigsten lateinischen Wörtern aus:

Regierende Personen		Regierungsform (*rei publicae status*)		
Anzahl	Name	Name	Positiv *(aliquo non incerto statu)*	Negativ *(sed ...)*
1				
2				
3				

(2) Wie steht es mit dem Perfektionsgrad dieser Verfassungsformen allgemein (Lateinische Wörter!)?
(3) Eine der drei Verfassungsformen erfährt eine stark negative Bewertung. Finden Sie Motive für Ciceros Beurteilung dieser Regierungsform?

(β) Die Monarchie

Aus dem vorhergehenden Text wurde deutlich, daß die Frage der Bewertung der einzelnen Verfassungsformen nicht absolut zu beantworten ist. Das bedeutet allerdings keine völlige Enthaltung. Es heißt vielmehr:

Text 25

Sed si unum ac simplex probandum sit, regium probem ...
Occurrit nomen quasi patrium regis, ut ex se natis ita consulentis suis civibus et eos conservantis studiosius ⟨quam ... entis ... tem ... us ... tibus ... uos⟩ sustentari unius optimi et summi viri diligentia.

---

unum ac simplex: Als Subjekt zu ergänzen: „das genus der genannten drei Herrschaftsformen"; — **regium:** Adjektiv; — **Occurrit ... regis:** ≈ Nomen regis occurrit quasi patrium nomen; — **ut ... studiosius:** ≈ qui suis civibus ut ex se natis consulit et (qui) eos studiosius conservat. — **natis:** nasci = gebären; ex se nati ≈ liberi sui; — **consulere:** + Dativ! — Der überlieferte Text ist stark verdorben. Der Sinn des Satzteiles in der ⟨ ⟩Klammer wird rekonstruiert: ⟨als sie zu Unechten zu machen, so daß es sich erweist, daß die Starken wie die Schwachen⟩ ... oder ⟨mehr auf deren Wohlfahrt bedacht ist, als seinen persönlichen Nutzen im Auge hat, wobei die Untertanen offen bekennen, daß die, die politischer Klugheit entbehren,⟩ ... — **sustentari:** sustentare = aufrecht-halten.

(1) (a) Welches ist die Begründung für die Bevorzugung der Monarchie? (b) Was ist Wahres daran?

Die sachlichen Argumente über die Vor- und Nachteile der Monarchie fallen leider in diejenigen Stellen, die in der handschriftlichen Überlieferung große Lücken aufweisen. An einer anderen Cicero-Stelle, deren Text uns vorliegt, wird darüber diskutiert, inwieweit die verschiedenen Verfassungsformen — und so auch die Monarchie — ihren Namen mit Berechtigung führen. Aber wozu dieser Streit? — so lautet der Tenor dieser Stelle. Die Namengebung spielt im Grunde nur eine untergeordnete Rolle, selbst wenn es dann zu Erscheinungen und Formulierungen kommt wie: „milder Tyrann" oder „grausamer König". Entscheidend ist die Art der Herrschaftsausübung: ob für oder gegen das Volk.

(γ) Die Aristokratie

Den Anschluß an den Text 25 bildet ein kurzer Abschnitt über die Aristokraten, die dem König sein Recht auf Herrschaft bestreiten.

Text 26

Adsunt optimates, qui se melius hoc idem facere profiteantur plusque fore dicant in pluribus consilii quam in uno et eandem tamen aequitatem et fidem.

(1) Wie lautet das Argument der Aristokraten?

Dieses thesenhafte Statement der Aristokraten verlangt nach einer Begründung und näheren Ausführung. Dazu der folgende längere Abschnitt.

Text 27

Quodsi liber populus deliget, quibus se committat, deligetque — si modo salvus esse vult — optimum quemque, certe in optimorum consiliis posita est civitatum salus, praesertim cum hoc natura tulerit, non solum ut summi virtute et animo praeessent imbecillioribus, sed ut hi etiam parere summis velint. Verum hunc optimum statum pravis hominum opinionibus eversum

---

plusque ... fidem: ≈ et (qui) dicant in pluribus (viris) plus consilii futurum esse quam in uno (viro) et tamen eandem aequ. et f.

deliget: erg. eos; — **hoc natura tulerit:** natura fert hoc, ut = die Natur fügt es / bringt es dahin, daß; — **summi ... animo:** ≈ viri, qui virtute et animo summi (= optimi) sunt; — **verum:** = sed; — **pravis:** pravus = verkehrt,

esse dicunt, qui ignoratione virtutis ⊤ quae cum in paucis est, tum a paucis iudicatur et cernitur — opulentos homines et copiosos, tum genere nobili natos esse optimos putant. Hoc errore vulgi cum rem publicam opes paucorum, non virtutes tenere coeperunt, nomen illi principes optimatium mordicus tenent, re autem carent eo nomine. Nam divitiae, nomen, opes, vacuae consilio et vivendi atque aliis imperandi modo, dedecoris plenae sunt et insolentis superbiae; nec ulla deformior species est civitatis quam illa, in qua opulentissimi optimi putantur. Virtute vero gubernante rem publicam quid potest esse praeclarius, cum is, qui imperat aliis, servit ipse nulli cupiditati, cum, quas ad res cives instituit et vocat, eas omnes complexus est ipse nec leges imponit populo, quibus ipse non pareat, sed suam vitam ut legem praefert suis civibus? Qui si unus satis omnia consequi posset, nihil opus esset pluribus; si universi videre optimum et in eo consentire possent, nemo delectos principes quaereret. Difficultas ineundi consilii rem a rege ad plures, error et temeritas populorum a multitudine ad paucos transtulit. Sic inter infirmitatem unius temeritatemque multorum medium optimates possederunt locum, quo nihil potest esse moderatius. Quibus rem publicam tuentibus beatissimos esse populos necesse est, vacuos omni cura et cogitatione, aliis permisso otio suo, quibus id tuendum est neque committendum, ut sua commoda

---

abwegig; — **paucis:** erg. viris; — **opulentos ... natos:** ≈ homines, qui opulenti et copiosi et nobili genere nati sunt; — **Hoc ... coeperunt:** ≈ Cum hoc errore vulgi opes paucorum, non virtutes rem publicam tenere coeperunt. — **nomen ... tamen:** ≈ illi principes nomen optimatium mordicus tenent. — **mordicus:** = verbissen, hartnäckig; — **re:** = re vera = in Wahrheit; — **Nam ... modo:** ≈ Nam divitiae, nomen, opes, quae consilio et modo (modus = Mäßigung) vivendi atque imperandi aliis vacuae sunt. — **deformior:** de-formis = un-förmig, entstellt; — **cum, quas ... complexus est:** ≈ cum ipse omnes eas res, ad quas cives suos instituit et vocat, complexus est. — **instituit:** in-stituere = einrichten, anleiten (zu etwas); — **Qui si unus:** ≈ si is vir solus; — **nihil:** = in keiner Weise; — **pluribus:** erg. viris; — **universi:** ≈ omnes (cives); — **optimum:** ≈ rem optimam, consilium optimum; — **ineundi consilii:** consilium inire ≈ c. capere; — **rem:** erg. publicam ≈ potestatem = Staatsführung; — **temeritas:** = Planlosigkeit, Unbedachtheit; — **unius:** erg. viri; — **Quibus ... vacuos:** ≈ Si ii rem publicam tuentur, necesse est populos beatissimos (esse) et vacuos esse. — **cogitatione:** Nachdenken worüber? — **aliis ... quibus:** ≈ cum otium suum permissum sit aliis, quibus; — **permisso:** per-mittere = com-mittere = mandare = über-lassen, übertragen; — **committendum:** erg. est; committere = es dazu kommen lassen; —

populus neglegi a principibus putet. Nam aequabilitas quidem iuris, quam amplexantur liberi populi, neque servari potest — ipsi enim populi, quamvis soluti effrenatique sint, praecipue multis multa tribuunt; et est in ipsis magnus dilectus hominum et dignitatum —; eaque, quae appellatur aequabilitas, iniquissima est. Cum enim par habetur honor summis et infimis, qui sint in omni populo necesso est, ipsa aequitas iniquissima est; quod in iis civitatibus, quae ab optimis reguntur, accidere non potest.

(1) (a) In welcher Weise und Hinsicht kommt die Volksmasse dem Führungsanspruch der Optimaten entgegen? (b) Welchem Irrtum hinsichtlich der Optimatenherrschaft ist andererseits dieselbe Volksmasse unterlegen? (c) Was ist die Folge auf der Seite der Optimaten?

(2) (a) Welche Eigenschaften erst verleihen der Optimatenherrschaft — wie eigentlich auch einer jeden anderen Regierungsform — Glaubwürdigkeit? (Lateinische Wörter!) (b) Welche Charaktereigenschaft der Herrscher andererseits führt einen jeden Staat — und so auch den der Optimaten — ins Verderben? (Lateinisches Wort!)

(3) Ziel einer jeden Regierung sollte das Beste *(optimum)* für die Bürger sein. Welche Fehler haften der Monarchie und welche der Demokratie an? Wie wird dadurch geschickt die Mittelstellung der Aristokratie zwischen Monarchie und Demokratie begründet?

(4) Am Ende des Abschnitts sprechen die Optimaten von der Rechtsgleichheit *(aequabilitas iuris)*. (a) In welcher Weise wird in den Demokratien Rechtsgleichheit gewährleistet? (b) Inwiefern ist nach der Meinung der Optimaten diese Rechtsgleichheit der Demokratien äußerst ungerecht *(iniquissima)*? (c) Wie beurteilen Sie die Argumentation der Optimaten? Ist sie stichhaltig?

(δ) Die Demokratie

Waren von den Anhängern einer Aristokratie Zweifel nicht nur an der Monarchie, sondern auch an der Demokratie laut geworden, so sind sich die Demokraten selbst durchaus darüber im klaren, daß negative Züge ihren Gesamteindruck trüben können. Diese seien im folgenden Text vorweggenommen.

---

amplexantur: amplexari = großen Wert legen auf; — **multa praecipue tribuere:** = vieles vornehmlich / viele Vorrechte zuerteilen.

Text 28

Talis est quaeque res publica, qualis eius aut natura aut voluntas, qui illam regit. Itaque nulla alia in civitate, nisi in qua populi potestas summa est, ullum domicilium libertas habet. Qua quidem certe nihil potest esse dulcius, et quae, si aequa non est, ne libertas quidem est. — Qui autem aequa potest esse — omitto dicere in regno, ubi ne obscura quidem est aut dubia servitus, sed — in istis civitatibus, in quibus verbo sunt liberi omnes? Ferunt enim suffragia, mandant imperia, magistratus, ambiuntur, rogantur; sed ea dant, quae — etiamsi nolint — danda sint et quae ipsi non habent, unde alii petunt; sunt enim expertes imperii, consilii publici, iudicii delectorum iudicum, quae familiarum vetustatibus aut pecuniis ponderantur.

(1) Der erste Satz spricht von einem jeden Staat schlechthin und stellt eine Verbindung her zwischen (a) der Qualität des Staates und (b) der Charaktereigenschaft des jeweiligen Regierenden. Jenes (a) ist abhängig von diesem (b). — Das mag stimmen. Merkwürdig jedoch ist die Folgerung *(itaque)* hieraus, und zwar in zweierlei Hinsicht. Inwiefern? Als Hilfe: 1. Von welcher Staatsform wird gesprochen; und 2. welcher Begriff taucht im Zusammenhang damit auf?
(2) Wodurch kann die Demokratie prinzipiell an Glaubwürdigkeit verlieren? Wo liegt ihr schwacher Punkt?

Der Text **28** beläßt es nicht bei den bedenklichen (Schein-)Formen der Demokratie, sondern legt Wert darauf, zur Rechtfertigung der (wahren) Demokratie sich auch auf positive Beispiele aus der Geschichte berufen zu können. In diesem Zusammenhang werden Rhodos und Athen genannt. (An dieser Stelle bricht dann die Überlieferung des Cicero-Textes ab.) Umso sinnvoller und notwendiger ist es, nun die positiven Erscheinungen der demokratischen Staatsordnung systematisch herauszuarbei-

---

natura: ≈ mores = Charakter; — **Itaque . . . habet:** ≈ Itaque libertas habet (ullum) domicilium in nulla alia civitate, nisi in ea, in qua populi potestas summa est. — **quae:** = ea; — **Qui:** = Quo modo; — **verbo:** = nur dem Wort/Namen nach (Gegenteil: re vera); — **ferunt suffragia:** suffragia ferre = seine Stimme(n) abgeben, Stimmrecht ausüben; — **ambiuntur:** amb-ire = herum-gehen, umwerben; — **et quae . . . petunt:** ≈ et quae ipsi (das Volk, die Gebenden), a quibus alii (die Vornehmen, die Bewerber) petunt, non habent. — **sunt:** erg. ii; — **quae familiarum:** quae = imperium, consilium, iudicium; — **ponderantur:** ponderare = abwägen, beurteilen.

ten und zu begründen. Hauptargument der Demokraten ist und bleibt die Freiheit:

Text 29

Maxima voce clamat populus neque se uni neque paucis velle parere; libertate ne feris quidem quicquam esse dulcius; hac omnes carere, sive regi sive optimatibus serviant.

Jedoch auch im folgenden Text gewinnt die Demokratie ihr Profil durch Distanzierung von anderen Staatsformen.

Text 30

Si in populo aliquis unus pluresve divitiores opulentioresque exstitissent, tum ex eorum fastidio et superbia vitia nata esse commemorant cedentibus ignavis et imbecillis et arrogantiae divitum succumbentibus. Si vero ius suum populi teneant, negant quicquam esse praestantius, liberius, beatius, quippe qui domini sint legum, iudiciorum, belli, pacis, foederum, capitis unius cuiusque, pecuniae. Hanc unam rite rem publicam — id est rem populi — appellari putant. Itaque et a regum et a patrum dominatione solere in libertatem rem populi vindicari, non ex liberis populis reges requiri aut potestatem atque opes optimatium. — Et vero negant oportere indomiti populi vitio genus hoc totum liberi populi repudiari; concordi populo et omnia referente ad incolumitatem et ad libertatem suam nihil esse immutabilius, nihil firmius; facillimam autem in ea re publica esse concordiam, in qua idem conducat omnibus; ex utilitatis varietatibus, cum aliis aliud expediat, nasci discordias; itaque, cum patres rerum potirentur, numquam constitisse civitatis statum; multo iam id in regnis minus, quorum — ut ait Ennius — ,,nulla

---

pluresve: ≈ aut plures; — **fastidio:** fastidium ≈ arrogantia ≈ superbia; — **cedentibus:** cedere = nachgeben; — **succumbentibus:** suc-cumbere = nieder-sinken, sich unterwerfen; — **quippe qui:** ≈ quoniam; — **capitis:** ≈ vitae necisque; — **rite:** = rechtmäßig, mit gutem Recht; — **Itaque ... vindicari:** ≈ Itaque rem populi a dominatione regum et patrum in libertatem vindicari solere putant. — **Et ... repudiari:** ≈ Et vero negant hoc totum genus liberi populi repudiari opportere propter vitium indomiti populi; — **referente:** referre ad = beurteilen nach; — **incolumitatem:** incolumitas = Unversehrtheit; — **conducat:** conducit ≈ utile est; — **expediat:** expedire ≈ utile esse; — **patres:** ≈ optimates; — **constitisse:** con-stare = Bestand haben; — **itaque ... statum:** Irrealis; — **multo ... est:** ≈ iam (= vor allem) multo minus id (erg.: ist der Fall) in regnis, quorum ...

regni sancta societas nec fides est". Quare, cum lex civilis societatis vinculum, ius autem legis aequale, quo iure societas civium teneri potest, cum par non sit condicio civium? Si enim pecunias aequari non placet, si ingenia omnium paria esse non possunt, iura certe paria debent esse eorum inter se, qui sunt cives in eadem re publica. Quid est enim civitas nisi iuris societas civium?

(1) Arbeiten Sie die positiven Bestimmungen für die Demokratie heraus! (Lateinische Wörter!)
(2) Am Ende des ersten Abschnitts wird behauptet, wer einmal in der Demokratie lebe, sehne sich nicht nach dem Königtum. Das mag stimmen. Zu fragen ist jedoch, ob eine solche generelle Behauptung **vorbehaltlos** zu bejahen ist. Gibt es in der Geschichte nicht genug Fälle, wo das Volk sich nach der Herrschaft eines einzelnen sehnt?
(3) (a) Welche Eigenschaft der Bürger ist für den Bestand einer Demokratie unerläßlich? (b) Wie wird damit der Wert einer Demokratie und der sie garantierenden Freiheit eingestuft?

(c) Die Verfallsformen

Bis jetzt wurden die Verfassungsformen als Reinformen vorgestellt; der folgende Text weist darauf ausdrücklich noch einmal hin. Die Verteidiger der Reinformen verwiesen zur Rechtfertigung ihrer Ansicht jedoch stets auf die negativen Erscheinungen der jeweils zwei anderen Herrschaftsformen. Davon soll nun in den folgenden Texten die Rede sein.

(α) ʿAllgemein

Text 31

Atque hoc loquor de tribus his generibus rerum publicarum non turbatis atque permixtis, sed suum statum tenentibus. Quae genera primum sunt in iis singula vitiis, quae ante dixi; deinde habent perniciosa alia vitia. Nullum est enim genus illarum rerum publicarum, quod non habeat iter ad finitimum quoddam malum praeceps ac lubricum.

---

nulla societas nec fides (regni) sancta est. — **ius legis:** = das durch das Gesetz gewährleistete Recht, das Recht vor dem Gesetz; — **aequale:** erg. sit omnibus hominibus; — **aequari:** aequare = gleich machen, gleichmäßig verteilen.

praeceps: ≈ perniciosus; — **lubricum:** = schlüpfrig.

(1) Was heißt auf Lateinisch: Reinform?
(2) Welche Wörter bezeichnen die Verfallsform?
(3) Wie verstehen Sie den Ausdruck „*finitimum*" in der Wendung: *iter ad finitimum quoddam malum praeceps ac lubricum*?

(β) Die Tyrannis

Text 32

Regem illum volunt esse, qui consulit ut parens populo conservatque eos, quibus est praepositus, quam optima in condicione vivendi. Sane bonum — ut dixi — rei publicae genus, sed tamen inclinatum et quasi pronum ad perniciosissimum statum. Simulatque enim se inflexit hic rex in dominatum iniustiorem, fit continuo tyrannus, quo neque taetrius neque foedius nec deis hominibusque invisius animal ullum cogitari potest. Qui, quamquam figura est hominis, morum tamen immanitate vastissimas vincit beluas. Quis enim hunc hominem rite dixerit, qui sibi cum suis civibus, qui denique cum omni hominum genere nullam iuris communionem, nullam humanitatis societatem velit? ...
Habetis igitur primum ortum tyranni.

(1) Welches sind die lateinischen Wörter (Adjektive, Substantive), die die Verfallsform der Monarchie kennzeichnen?
(2) Die Tyrannis wird als negativste Form bezeichnet.
(a) Wodurch wird diese Behauptung (philosophisch) begründet?
(b) Welcher Staatsform muß ein Kritiker seinerseits anhängen, der in dieser Weise über die absolutistischen Tendenzen von Alleinherrschern redet? Begründung?

(γ) Der Kreislauf der Verfassungen

An die Thematik des vorigen Textes 32 wird im folgenden angeknüpft.

Regem ... esse: Volunt illum esse regem; — **parens:** ≈ pater; — **quam optima in:** ≈ in quam (= möglichst) optima; — **sane bonum:** erg. davor: id est; — **inclinatum:** in-clinare = hin-neigen; — **pronum:** = (vor-wärts) geneigt zu (ad), mit der Tendenz; — **Simulatque:** ≈ Ubi primum; — **inflexit:** in-flectere = ein-beugen, einbiegen; — **continuo:** ≈ statim; — **taetrius — foedius:** taeter = foedus = häßlich, abscheulich; — **qui quamquam:** ≈ quamquam is; — **immanitate:** immanitas = Entsetzlichkeit, Wildheit; — **vastissimas:** vastus = wild, roh, schlimm; — **hunc:** erg. virum; — **communionem:** communio = Gemeinschaft; — **velit:** erg. etwa: habere.

Text 33

Est omnino ... accuratius mihi dicendum de commutationibus rerum publicarum... Huius regiae prima et certissima est illa mutatio: Cum rex iniustus esse coepit, perit illud ilico genus; et est idem ille tyrannus, deterrimum genus et finitimum optimo. Quem si optimates oppresserunt — quod ferme evenit —, habet statum res publica de tribus secundarium; est enim quasi regium, id est patrium consilium populo bene consulentium principum. Sin per se populus interfecit aut eiecit tyrannum, est moderatior, quoad sentit et sapit; et sua re gesta laetatur tuerique vult per se constitutam rem publicam. — Sin quando aut regi iusto vim populus attulit regnove eum spoliavit aut etiam — id quod evenit saepius — optimatium sanguinem gustavit ac totam rem publicam substravit libidini suae — cave putes autem mare ullum aut flammam esse tantam, quam non facilius sit sedare quam effrenatam insolentia multitudinem —, tum fit illud, quod apud Platonem est luculente dictum, si modo id exprimere Latine potuero. Difficile factu est, sed conabor tamen. ,,Cum", enim inquit, ,,inexplebiles populi fauces exaruerunt libertatis siti malisque usus ille ministris non modice temperatam, sed nimis meracam libertatem sitiens hausit, tum magistratus et principes, nisi valde lenes et remissi sint et large sibi libertatem ministrent,

---

Huius ... mutatio: ≈ Prima et certissima mutatio huius regiae rei publicae est illa. — **perit:** per-ire = zugrunde-gehen; — **ilico:** ≈ statim; — **est idem:** Vollverb ≈ exsistit, fit; — **ferme:** = in der Regel; — **habet ... secundarium:** ≈ habet res p. de tribus statibus secundarium (= zweitbesten) statum. — **consilium:** = beratendes Kollegium; — **moderatior:** = ziemlich maßvoll; — **quoad:** = solange; — **sentit:** = recte sentit (= empfinden); — **gustavit:** gustare = schmecken, kosten; — **substravit:** substernere ≑ unter-streuen, unterwerfen; — **cave putes:** ≈ cave, ne putes ≈ ne putaveris (+ aci); — **mare ... multitudinem:** ≈ ullum mare aut (ullam) flammam tantam esse, ut non facilius sit eam (flammam) sedare quam multitudinem insolentia effrenatam (= zügellos). — **luculente:** = lichtvoll, anschaulich; — **si modo:** = wenn nur; — **inexplebiles:** in-ex-plebilis = un-aus-füllbar, unersättlich; — **exaruerunt:** ex-arescere (+ abl.) = austrocknen, verdörren; — **ministris:** minister = Mundschenk; — **Cum ... ministris:** ≈ Cum inexplebiles fauces populi siti libertatis exaruerunt et (cum) ille (populus) malis ministris usus (≈ utens). — **modice:** = maßvoll; — **meracam:** meracus = rein; — **remissi:** = nachgiebig; — **ministrent:**

insequitur, insimulat, arguit, praepotentes, reges, tyrannos vocat"... Ergo illa sequuntur: ,,Eos, qui pareant principibus, agitari ab eo populo et servos voluntarios appellari. Eos autem, qui in magistratu privatorum similes esse velint, eosque privatos, qui efficiant, ne quid inter privatum et magistratum differat, ferunt laudibus et mactant honoribus, ut necesse sit in eius modi re publica plena libertatis esse omnia, ut et privata domus omnis vacet dominatione et hoc malum usque ad bestias perveniat, denique ut pater filium metuat, filius patrem neglegat, absit omnis pudor, ut plane liberi sint, nihil intersit, civis sit an peregrinus, magister ut discipulos metuat et iis blandiatur spernantque discipuli magistros, adulescentes ut senum sibi pondus assumant, senes autem ad ludum adulescentium descendant, ne sint iis odiosi et graves. Ex quo fit, ut etiam servi se liberius gerant, uxores eodem iure sint, quo viri, inque tanta libertate canes etiam et equi, aselli denique liberi sic incurrant, ut iis de via decedendum sit. Ergo ex hac infinita ... licentia haec summa cogitur, ut ita fastidiosae mollesque mentes evadant civium, ut, si minima vis adhibeatur imperii, irascantur et perferre nequeant. Ex quo leges quoque incipiunt neglegere, ut plane sine ullo domino sint."...

Atque ... ex hac nimia licentia, quam illi solam libertatem putant, ait ille ut ex stirpe quadam exsistere et quasi nasci tyrannum. Nam ut ex nimia potentia principum oritur interitus principum, sic hunc nimis liberum populum libertas ipsa servitute afficit. Sic omnia nimia, cum vel in tempestate vel in agris vel in

---

ministrare = gewähren; — **insimulat:** insimulare = beschuldigen; — **arguit:** ≈ accusat; — **insequitur, insimulat, arguit:** Klimax; — **praepotentes:** prae-potens = sehr mächtig, machtbesessen; **praepotentes, reges, tyrannos:** Welche (rhetor.) Figur? — **illa:** erg. verba (+ aci); — **agitari:** agitare = verfolgen, hetzen; — **Eos autem:** Die indirekte Rede schlägt in die direkte um. — **privatorum similes:** ≈ similes hominibus privatis; — **ferunt:** = efferunt; — **mactant:** mactare = verherrlichen; — **omnis:** vor privata stellen; — **nihil intersit:** erg. ne; — **assumant:** assumere = sich anmaßen; — **graves:** gravis = lästig, unbequem; — **aselli:** ≈ asini; — **inque:** ≈ et ut in; — **incurrant:** incurrere = umherlaufen; — **summa:** = Ganzheit, Ergebnis; — **cogitur:** cogi = (als Ergebnis) herauskommen; — **fastidiosae:** fastidiosus = verwöhnt; — **evadant:** ≈ fiant; — **perferre:** erg.: eam vim imperii; —

corporibus laetiora fuerunt, in contraria fere convertuntur; maximeque id in rebus publicis evenit. Nimiaque illa libertas et populis et privatis in nimiam servitutem cadit. — Itaque ex hac maxima libertate tyrannus gignitur et illa iniustissima et durissima servitus. Ex hoc enim populo indomito vel potius immani deligitur aliqui plerumque dux contra illos principes afflictos iam et depulsos loco audax, impurus, consectans proterve bene saepe de re publica meritos, populo gratificans et aliena et sua. Cui quia privato sunt opposti timores, dantur imperia et ea continuantur; praesidiis etiam ... saepiuntur. Postremo, a quibus producti sunt, exsistunt eorum ipsorum tyranni. Quos si boni oppresserunt — ut saepe fit —, recreatur civitas; sin audaces, fit illa factio, genus aliud tyrannorum; eademque oritur etiam ex illo saepe optimatium praeclaro statu, cum ipsos principes aliqua pravitas de via deflexit. Sic tamquam pilam rapiunt inter se rei publicae statum tyranni ab regibus, ab iis autem principes aut populi, a quibus aut factiones aut tyranni. Nec diutius unquam tenetur rei publicae modus.

(1) Welcher lateinische Ausdruck ist mit „Kreislauf der Verfassungen" wiedergegeben?
(2) Beachten Sie auch hier wieder die Aussage: *genus finitimum optimo*. Vergleichen Sie mit **31F3**!
(3) Welche Rangfolge nehmen die drei Verfassungsformen ein? Lateinischer Text!
(4) (a) Welche drei Herrschaftsformen können von der Demokratie abgelöst werden? (b) Wie steht es mit der Berechtigung zu ihrer Machtergreifung?

---

laetiora: = zu üppig; — **afflictos:** afflictus = übel zugerichtet; — **loco:** locus = Stellung; — **audax:** negativ! — **consectans:** consectari = (eifrig) verfolgen; — **proterve:** protervus = alles vor sich niedertretend, frech; — **bene:** zu meritos; — **gratificans:** gratificari = verschenken, verschleudern; — **Cui ... timores:** ≈ Ei, quia ei (erg.: „als") privato (viro) timores opposti sunt. — **imperia:** = besondere Vollmachten; — **continuantur:** continuare = verlängern; — **praesidiis:** praesidium = Leibwache; — **Postremo ... tyranni:** ≈ Postremo ii viri exsistunt (erg.: „als") tyranni eorum ipsorum hominum, a quibus producti sunt. — **pravitas:** = Schlechtigkeit; — **de via:** ≈ de recta via; — **modus:** ≈ status.

(5) Welche charakterlichen Schwächen der Herrscher sind es, die der Demokratie selbst zum Verhängnis werden?
(6) Welches ist der lateinische Negativ-Gegenbegriff zu *libertas*? Deutsch?
(7) Die üblen Erscheinungsweisen der Demokratie, die Cicero hier beklagt, gehen auf eine Schilderung Platons zurück, in denen er — von Hause aus durch Geburt der Aristokratie ohnehin mehr zugetan — Zustände in Athen schildert. Sie finden diese Schilderung in Platons Werk „Politeia" (Staat, Staatsverfassung) Buch VIII, Kap. 14, pag. 562a4—563e2; zugänglich z. B. in Platon, Sämtliche Werke Bd. 3: Phaidon, Politeia, Rowohlts Klassiker Bd. 27, Seite 261 unten bis 263 oben. Auch Kapitel 15 und 16 können noch hinzugezogen werden.
(8) (a) Können Sie eigene Belege aus der Geschichte anführen (auch wenn sie etwas anders gelagert sind)? (b) Oder erscheint Ihnen die Schilderung dieser Auswüchse als übertrieben? Finden Sie zumindest Teilwahrheiten bestätigt? Welche? Auch in unserer gegenwärtigen Demokratie? (c) Finden Sie in dieser Schilderung Negativformen, die früher einmal gegolten haben mögen und insofern für uns vielleicht historisch interessant, heutzutage jedoch überholt sind? (d) Oder lehnen Sie die Schilderung als unrealistisch ab?
(9) Der Text geht hier zwar nicht so fein säuberlich die drei positiven und drei negativen Formen durch, wie Sie diese vielleicht schon aus dem Geschichtsunterricht kennen. Inwiefern kann man trotzdem von der Schilderung eines **Kreislaufes** sprechen? (Welche Form stand am Anfang — und welche steht am Ende?)

(d) Die Mischform

Die Tatsache, daß die einzelnen Verfassungsformen in ihrer Reinheit stets in Verfall geraten und einander im Kreislauf ablösen, veranlaßt den Römer, nach einer vierten Form Ausschau zu halten. Diese wird im folgenden Text vorgeführt.

Text 34

Quod ita cum sit, (ex tribus primis generibus) longe praestat (mea sententia) regium; regio autem ipsi praestabit id, quod erit aequa-

---

Quod ... sit: ≈ Cum id ita sit; — **regium:** erg. genus rei publicae; —

tum et temperatum ex tribus optimis rerum publicarum modis. Placet enim esse quiddam in re publica praestans et regale, esse aliud auctoritati principum impartitum ac tributum, esse quasdam res servatas iudicio voluntatique multitudinis. Haec constitutio primum habet aequabilitatem quandam magnam, qua carere diutius vix possunt liberi, deinde firmitudinem, quod et illa prima facile in contraria vitia convertuntur, ut exsistat ex rege dominus, ex optimatibus factio, ex populo turba et confusio, quodque ipsa genera generibus saepe commutantur novis. Hoc in hac iuncta moderateque permixta constitutione rei publicae non ferme sine magnis principum vitiis evenit. Non est enim causa conversionis, ubi in suo quisque est gradu firmiter collocatus et non subest, quo praecipitet ac decidat.

(1) Die sechs Herrschaftsformen erhalten hier noch einmal zusammenfassend ihre Bezeichnungen. Welche?
(2) (a) Was heißt auf Lateinisch „Mischform"? (b) Im Anschluß an diesen Text wird die römische Verfassung besprochen. Sie nämlich ist es, in welcher die Mischform in vorbildlicher Weise verwirklicht ist. In welchen Institutionen innerhalb der römischen Verfassung finden alle drei ihre Realisierung?
(3) Suchen Sie die lateinischen Ausdrücke (a) bei den Reinformen für 1. „Umsturz", 2. „Negativform", (b) bei der Mischform für die „positiven" Elemente.

---

aequatum et temperatum: = gleichmäßig gemischt; — **modis:** ≈ statibus; — **placet:** placere = für gut befinden; der Meinung sein, daß (aci); erg. mihi (= dem Gesprächsführer Scipio); — **regale:** regalis = königlich; — **impartitum ac tributum:** Welche Figur? — **servatas:** ≈ conservatas; — **illa prima:** erg. genera rei publicae; — **novis:** zu generibus; — **conversionis:** conversio = Umkehrung, Umwandlung; — **ubi . . . collocatus:** ≈ ubi quisque (vir) in suo gradu firmiter collocatus est; — **gradu:** gradus ≈ locus ≈ ordo; — **non subest, quo:** nach subest erg. (als Subj.) etwa: ein Abgrund.

3. Abschnitt: Die Philosophie und das Individuum

Die Verbindung der Philosophie mit Rhetorik, Politik und Staat darf nicht bei letzterem haltmachen. Der Staat ist eine Vereinigung von Menschen, und um deren Wohlbefinden hat es dem Staatsmann zu gehen. Aber eben nicht nur diesem; denn die Kümmernisse der Menschen sind weit davon entfernt, allein durch staatlichen Eingriff geregelt und behoben zu werden. Vielmehr bedarf es hier einer fundamentaleren Hilfe. Erwartet wird diese von der Philosophie.
Welche Philosophie war in Rom ansässig? Welches war die geistesgeschichtliche Situation jener Tage? Welche thematischen Schwerpunkte wurden angeboten? Welche Gruppierungen gab es, und welche wurden bevorzugt?

Das philosophische Leben wurde durch zwei Hauptströmungen bestimmt: Stoa und Epikureismus, deren Einfluß und Auswirkungen sich natürlich auch schon in den bisher besprochenen Texten **1** bis **34** niederschlug. Diese beiden sind nicht in Rom, sondern in Griechenland entstanden. Aus diesem Grunde verlassen wir für eine Weile die geistige Welt des Römers, um deren Voraussetzungen, Ursprung und Werden im Griechischen in groben Zügen zu betrachten, und zwar bis zu dem Punkt, wo sie in das römische Leben eingreifen.

Exkurs:

Die Philosophie der Stoa und Epikurs
A Der Ansatz
I Die eine Frage

(1) H i s t o r i s c h
Ihren Ursprung haben beide Denkrichtungen in der Nach-Alexander-Zeit des Hellenismus. Der Stadtstaat (die Polis) mit seinen Einrichtungen und religiösen Vorstellungen von den Göttern war fragwürdig geworden. Die Folge des Zusammenbruchs war eine Entwurzelung des Menschen. Innerhalb der Gemeinde verspürte der Mensch – zumindest der denkende – einen Mangel an Geborgenheit. Was notwendig gewesen wäre, war Hilfe durch den Eingriff führender Geister. Platons Versuch, den Staat zu

retten, war gescheitert; desgleichen die Bemühungen späterer Philosophen (der letzte Philosoph Demetrios Phaleron war im Jahre 307 vor Chr. nach einem sehr milden Regiment gestürzt worden). Das Erfordernis für die Zukunft lautete deshalb: dem hilflos gewordenen Individuum eine Stütze geben. Eine Anleitung zum Verhalten im praktischen Leben war notwendig.

(2) Philosophisch ⟶ *ersetzt Religion*
Die Antwort auf die Fragen des Lebens fand man nicht mehr in der alten Religion, sondern erwartete sie von der Philosophie. In ihr suchte man das Heilmittel. Sie wurde zur Führerin des Lebens; Weltanschauung und Lebensweisheit ist ihre Thematik. Die spezielle Antwort auf die eine Fragestellung der Menschen gibt eine philosophische Disziplin: die Ethik. Diese rückt damit in den Vordergrund des geistigen Geschehens.
Nun hat es natürlich schon vorher Ethik(en) gegeben. Das Werk Platons ist durch und durch geprägt vom Gedanken des Ethischen, vom Willen, dem Menschen Halt und Hilfe zu geben. Jedoch bestehen tiefgreifende Unterschiede in der Art der Antwort auf die vom Menschen gestellten Fragen.

(a) Platons Philosophie ist verknüpft mit der hergebrachten Religion: Unsterblichkeitsgedanken, Jenseitsglaube, Vergeltung nach dem Tode, Seelenwanderung, ein abstrakter Seelenbegriff prägen seine Antwort. – Hieran nun nimmt man Anstoß; Platons Antwort liegt zu fern, ist nicht faßbar, gibt nicht genug her. Der „Idealismus", der sein philosophisches Werk bestimmt, verlangt nach einer Gegenlehre; es kommt zu seiner Ablösung durch einen „Materialismus". Das Materiell-Physikalische ist jetzt das Wirkliche, sogar Geist und Seele (aus Luft und Feuer) sind materiell.

(b) Ein zweiter Unterschied besteht in folgendem: War Platons Philosophie geprägt von starker Wissenschaftlichkeit, standen Wissenschaft und Ethik nebeneinander, hatte neben Ethik als Hilfe für den Menschen der Forscherdrang seinen Platz mit der Absicht der Wahrheitsfindung um ihrer selbst willen, so betrachtet man gerade diese wissenschaftliche Erkenntnis – so auch die naturwissenschaftliche –, sofern sie als Selbstzweck betrieben wird, als nutzlos. Die Ethik übernimmt nun die primäre Rolle; und alle anderen philosophischen Erkenntnisse haben sich in den Dienst der menschheitsbezogenen Aufgabe zu stellen und sich ihr unterzuordnen. Soweit die Unterschiede zur klassischen Ethik.

II Die zwei Antworten

Nun gab es jedoch nicht nur eine einzige Antwort auf die neue Situation, sondern zwei philosophische Richtungen mit grundverschiedenen Antworten auf ein und dieselbe Fragestellung: Epikur auf der einen Seite und auf der anderen die Vertreter der Stoa.
Beide Richtungen entstehen um 300 vor Chr. herum, werden angeführt von je einer Gründerperson, verlegen ihren zentralen Wirkungskreis nach Athen und verfestigen sich zu einem strengen Lehrsystem mit schulmäßigem Charakter. Beide Lehren sind geprägt von einem Hang zum Prophetischen und Religiösen. Gründer der Stoa war Zenon; die Schule erhielt ihren Namen nach einer ausgemalten Säulenhalle (στοὰ ποικίλη) auf dem Marktplatz Athens, also die Hallenphilosophen. Die andere Richtung wurde angeführt von Epikur; der Ort dieser Schule war ein Garten (κῆπος) in Athen, also die Gartenphilosophen.
Gemeinsam ist ihnen zum einen das formale Prinzip „Natur", auf das sie sich berufen und das ihnen als Maßstab dient. So heißt Epikurs Hauptwerk „Über die Natur" (περὶ φύσεως), und die Stoiker lehren „im Einklang mit der Natur leben" (ὁμολογουμένως τῇ φύσει ζῆν). Das zweite formal Gemeinsame besteht in der Verkörperung des jeweiligen Prinzips in einem konkreten Träger: dem Weisen (im bewußten Gegensatz zur Unerreichbarkeit der platonischen Idee).
Wenngleich nun Ausgangspunkt (Fragestellung) und formale Kriterien der Antwort (Prinzip der Natur, Person des Weisen) gleich sind, so liegen die Antworten in inhaltlicher Hinsicht doch weit auseinander. Das soll im folgenden gezeigt werden.

B Die Systeme

I Die Stoa

(1) D i e G r ü n d e r u n d V e r t r e t e r

Man unterscheidet drei Stufen der Stoa, die hier kurz aufgeführt, im folgenden aber in ihren Unterschieden nicht eingehender besprochen werden sollen.

(a) *Ältere Stoa*
Ca. 310 bis 160 vor Chr.
Zenon; Kleanthes; Chrysippos.

(b) *Mittlere Stoa*
Ca. 180 bis 50 vor Chr.
Starker Einfluß auf das Rom der klassischen Zeit. Panaitios (mit dem jüngeren Scipio); Poseidonios (den Cicero hörte; der im Kreis der vornehmen Römer, z. B. Pompeius, wohl bekannt war).

(c) *Jüngere Stoa*
Seneca; Epiktetos (ca. 100 nach Chr.); (Arrian;) Marcus Aurelius (ca. 150 nach Chr., Kaiser).

(2) D i e   L e h r e

(a) *Die Physik*
(aa) Die Natur   *zyklisches Weltbild*
Weltentstehung und Weltbrand lösen einander periodisch ab in ständiger Wiederkehr derselben Formen und Zustände. Die Natur ist Einheit, Ganzes, Vollkommenes, Geordnetes, ein beseeltes Wesen. Stoff und Form, Körper und Geist sind eins; die ganze Welt ist eine einheitliche, stofflich-körperliche, kraftgeladene Substanz. Alles Wirken erfolgt durch körperlich-stoffliche Ursachen.

(bb) Die Weltvernunft
Die Weltvernunft, das in der Welt wirkende Gesetz, die göttliche (*logos*) Macht in Personifizierung der Weltvernunft, durchdringt alles. Der göttliche Geist wird jedoch nicht geistig gedacht, sondern als stoffliches Feuer oder feuriger Lufthauch (πνεῦμα). Dieser bewirkt und beseelt alles. Nichts in der Welt ist willkürlich und umsonst, vielmehr hat jedes Ding in der Welt sein gottgewolltes (*providentia deorum*) Ziel (τέλος). Die Welt ist ein Ausfluß der ewigen göttlichen Weltseele. Die Natur (φύσις) als Kosmos ist ein Dokument des göttlichen Geistes: Alles geschieht mit Notwendigkeit. Genannt wird diese Notwendigkeit: das Zugeteilte, das Schicksal, das Verhängte, das Verhängnis (εἱμαρμένη). Ihre Realisierung findet diese Ordnung im Makrokosmos (Welt) und im Mikrokosmos (hier bes. Mensch).

Schicksal/Vorsehung

(cc) Der Makrokosmos
Das Urfeuer entwickelt aus sich die Elemente (Äther, Wasser, Erde, Luft). Der Himmel, das ganze Weltall, wird durchzogen vom göttlichen Logos.

(b) *Die Seelenlehre*

Die Seelenkräfte werden angeführt von der Vernunft (ἡγεμονικόν), die ihren Sitz im Herzen (Zentrum des Blutkreislaufs) oder in der Brust (Atemzentrum) hat. Die fünf Sinne, die Zeugungskraft und das Sprachvermögen werden hiervon gelenkt. Nach dem Tode existieren die schlechten Seelen nur kurze Zeit weiter; die guten verbleiben an einem Ort der Seligen bis zum nächsten Weltbrand und kehren dann zum Urfeuer zurück.
Woher bekommt die Seele ihre Kraft? Der göttliche Hauch tut sich kund nicht nur im Leblosen, in der Pflanze, im Tier, sondern auch im Menschen, und zwar hier als Seele (ψυχή), in welcher Gutes und Schlechtes angesiedelt ist. Der göttliche Logos dringt in die menschliche Seele ein. Die Weltordnung wird so vom Menschen religiös erlebt. Dieser Gott im Menschenherzen ist physikalisch zu denken: Als Hauch aus Luft und Feuer dringt er durch alles hindurch, so eben auch in die menschliche Seele. Die beste Verkörperung des göttlichen Logos ist überhaupt die menschliche Vernunft: die menschliche Seele als Abbild der Allseele.
Diese Lehre hat ihre Folgen für das Leben der Menschen. Wenn die Einheit naturgegeben ist, so werden damit die Grenzen der Nationalität (Griechen − Barbaren) und der Stände (Freie − Sklaven) übersprungen. Das Denken in den Grenzen des Stadtstaates weicht dem Kosmopolitischen, eine philosophische Auffassung, die ihre historische Ausprägung fand im allumfassenden Weltreich Alexanders.

(c) *Die Ethik*

Die Ethik gründet auf dem mächtigsten Trieb des Menschen: dem Selbsterhaltungstrieb, d. i. dem Trieb, der Zweck, Wirken und Handeln der Menschen in Einklang bringen soll mit der eigenen Natur, die ein Teil von der Allweltvernunft ist. Von hier aus lautet der Auftrag an den Menschen: in Gemäßheit oder Einklang leben 1. entweder mit sich selbst (Hinwendung zum Eigenen, sich selbst getreu leben) oder 2. in Einklang mit der Natur oder 3. in Einklang mit dem göttlichen Wort.
Es geht darum, die eigene Vernunft der Weltvernunft unterzuordnen, von welcher die Natur beherrscht wird. Vernunftgemäße Lebensführung bedeutet Handeln entsprechend der als Weltvernunft bezeichneten Gesamtnatur.
Der Mensch hat den Affekten (πάθη) standzuhalten und sein Leben in völliger Freiheit von den Leidenschaften (Begierde und

Furcht), in ἀπάθεια zu führen. Das einzige Gut ist die Tugend, das einzige Übel ist die Schlechtigkeit. Die Glücksgüter (wie Reichtum und Schönheit) sind nebensächlich, gleichgültig.

Die Wirkung dieser Lehre ist nicht gering. Das große Vertrauen in die Vernunft und die Kraft der logischen Beweisführung ist ein Merkmal der alten Stoa. Vernunftdenken sichert den Menschen vor Gefährdung von außen und innen. Es vermittelt ihm das Gefühl der Sicherheit und des Geborgenseins – eben im göttlichen Logos und im Schoße der Natur. Der Mensch lebt unerschüttert (in ἀταραξία). Die Konsequenz dessen ist ein großes Selbstbewußtsein (so Cato); das Bewußtsein der Vollkommenheit des eigenen natur- und gottgewollten Wesens führt den Weisen zur Glückseligkeit (εὐδαιμονία). Dieser Mensch ist ein wahrhaft göttliches Wesen. Er ist von Gott auf seinen Platz gestellt und hat diesen seinen Wachtposten so lange zu halten und dort seine Aufgabe zu erfüllen und nach den Vorschriften der Tugendlehre zu leben, bis er von Gott abberufen wird.

Erst später bringt Poseidonius Leben in die Lehre: Das allzu starr Rationale schwindet und das Vitale findet seine Berücksichtigung: Seneca, Marc Aurel (Philosoph auf dem Kaiserthron), Epiktet.

(d) *Die Logik*

An dieser Stelle nur in Stichworten: Logik (= Physik, Metaphysik*, Ethik) gliedert sich in Rhetorik und Dialektik, letztere in Grammatik (Lehre von den Bezeichnungen, der Sprache) und formale Logik im eigentlichen Sinn (Lehre vom Bezeichneten, Vorstellungen und Gedanken, Wahrheitskriterium). Versuch einer systematischen Sprachlehre; Untersuchung von Wort- und Satzverbindungen. Lehre vom Urteil, Schluß, Beweis.

II Epikur

(1) Der Anlaß

Die Nöte der Zeit kristallisierten sich für Epikur in drei Lebenswunden (*vulnera vitae*), in drei Arten von Verstrickung in Irr- und Aberglauben: **Furcht vor dem Tode, Furcht vor den Göttern, Unklarheit über das Wesen von Lust und Unlust.**

(a) *Die Todesfurcht*

Tatsache ist, daß die Menge (wenngleich wohl nicht die der Gebildeten) Furcht vor dem Tode empfindet. Um diesem zu entgehen, streben die meisten nach Reichtum und Ruhm im (irdischen) Leben; manche sogar — um diese Furcht zu verkürzen — treibt diese Angst zum Selbstmord. Der Grund für diese Furcht vor dem Tode ist die Annahme, der Tod sei mit Schmerzen verbunden. Die Ungewißheit über das, was nach dem Tod kommt, verleitet die Menschen zu mythischen Schreckensbildern, die ihr Leben belasten.

(b) *Götterfurcht*
Eng verbunden mit dieser Todesfurcht ist die Furcht vor den Göttern: Nach den überkommenen Formen der griechischen Religion in den Mythen der Dichter, Propheten und Priester sind die Götter zugänglich für Neid und Mißgunst. Der Mensch als Objekt dieses Neides sieht sich der Aufgabe gegenüber, zu Lebzeiten die Götter durch Gebet zu besänftigen und im Tode ihrem Richterspruch im Jenseits sich beugen zu müssen. Furcht vor den Himmelserscheinungen einerseits und dem Hades andererseits drücken ihn fortwährend nieder.

(c) *Unklarheit über Lust und Unlust*
Hatte Platon den Menschen die geistigen Bürgertugenden als Vorbild hingestellt, so lautete die Antwort des Philosophen Eudoxos: die Lust ist das eigentlich erstrebenswerte Gut des menschlichen Lebens. Der Ausgangspunkt von Eudoxos ist die empirisch-naturwissenschaftliche Beobachtung, daß ein **jedes Lebewesen nach Befriedigung seiner Lust und nach Beseitigung des Schmerzes strebt**. Und dieser physische Zustand, der **Mensch und Tier gemeinsam** ist, wird zum höchsten Gut des Menschen hochstilisiert. Die Gegner bestreiten jedoch die Berechtigung dazu energisch mit der entgegengesetzten Begründung, daß eine den Menschen und Tieren gemeinsame Natur gerade nicht zum Spezifikum des Menschen erklärt werden könne; Ergebnis: die Lust gehört also keineswegs zum Wesen des Menschen.

(2) Die Antworten
Zur Klärung dieser Fragenkomplexe dient das Lehrgebäude Epikurs; dieses soll im folgenden kurz umrissen werden. Grundsätzlich können und wollen seine Antworten keinerlei wissenschaftlichen Selbstwert beanspruchen. Sie dienen vielmehr als Mittel, den Menschen von den drei Wunden des Lebens zu befreien. Es liegt auf der Hand: Wissenschaft als ein Mittel zu etwas anderem wird nie in so strengem Beweisverfahren vorgehen können wie eine Wissenschaft, die in der Wahrheitsfindung als solcher ihre eigentliche Aufgabe sieht.

(a) *Die Physik*
Epikur übernimmt physikalische und philosophische Gedanken von anderen (originären) Schulen, so hauptsächlich von Demokrit. *Grundannahme/ Lehrsatz ohne Beweis*
(aa) Die Grundaxiome (der gesamten griechischen Philosophie) — Aus dem Nichts kann nichts (also: nicht irgendetwas) werden. — Nichts kann sich zu nichts auflösen (also: irgendetwas kann sich nicht zu nichts auflösen). — Das Wesen des Universums bleibt immer das gleiche.

(bb) Die Bausteine
Die Grundbestandteile der Natur sind: — die Atome (sie werden zu sinnlich wahrnehmbaren Körpern); — der leere Raum (er ist unendlich; er ist erschlossen aus der Bewegung der Körper); — etwas Drittes gibt es nicht.
Hieraus wird die ganze Welt abgeleitet, auch der Geist.

(cc) Die Atome
Die Atome an sich selbst betrachtet: Sie sind unendlich in der Anzahl (auch der Raum ist unendlich, und zwar in der Größe); sie haben Größe, und zwar je individuelle Größe; sie haben Härte; sie haben Unteilbarkeit (das folgt aus der Härte), Unvergänglichkeit; Schwerkraft, Gestalthaftigkeit. Sie haben nicht Farbe, Geruch, Klang, Wärme, Kälte, Lebenskraft. Qualitative Änderung in den Dingen rührt her nur von der Umgruppierung der Atome von Ewigkeit her im unendlichen Raum.
Die Atome im Verhältnis zueinander: Sie haben Anstoß durch Schwerkraft. Die Wirkung dessen ist ein Fallen nach unten. Hinzu kommt noch Abbiegung *(declinatio)*. Diese geschieht durch **Zufall**: Die Atome rasen aufeinander zu und stoßen gegeneinander. Die Folgen dessen sind zweierlei: Die Atome prallen voneinander ab oder bleiben aneinander haften. Ersteres bleibt ohne Wirkung, letzteres führt zu Verbindungen der Atome. Hierbei gibt es wiederum unpassende und passende: während die ersteren wieder zerfallen (die Atome sich trennen), bilden die letzteren die Grundlage zum Entstehen der Dinge in der Welt. Die Qualitäten entstehen durch Verbindung und Anordnung der verschiedenen Atome.

(dd) Das Universum *lineares Weltbild*
zufälliges Gemenge — Es gibt in der Welt keine Zweckmäßigkeit (Teleologie), die Welt ist vielmehr ein Konglomerat des Zufalls (hiergegen mit Entschiedenheit die Stoa!). — Die Welt entsteht und vergeht durch rein mechanische Verbindung und Trennung von Atomen. — Es

gibt unendlich viele Welten; dazwischen sind gewaltige Zwischenräume, die als Aufenthaltsraum der Götter dienen. Die Welt ist entmythisiert, sie hat nichts mit der üblichen Vorstellung von Gottheit zu tun. — Die Welten sind vergänglich; der Zerfall kann jeden Moment eintreten.

(b) *Die Seelenlehre*
Zwischen dem (soeben behandelten) Physischen und dem (jetzt zu behandelnden) Psychischen besteht kein prinzipieller Unterschied. Auch Geist und Seele sind körperhafte Atomverbindungen und haben keine besondere Qualität.
Die Seelenatome sind allerfeinster Art (glatt und rund); es gibt vier Sorten: 1. aura ($\pi\nu\varepsilon\tilde{\upsilon}\mu\alpha$) (Lüftchen): windartig; 2. vapor ($\tau\grave{o}$ $\vartheta\varepsilon\rho\mu\acute{o}\nu$) (Lüftchen): feuerartig; 3. aer ($\grave{\alpha}\acute{\eta}\rho$) (Luft): luftartig; 4. namenloser, nicht zu benennender ($\grave{\alpha}$-$\kappa\alpha\tau$-$o\nu o\mu\alpha\sigma\tau\acute{o}\varsigma$) Träger der Wahrnehmung.
Es gibt zwei Seelenteile: den vernünftigen ($\lambda o\gamma\iota\kappa\acute{o}\nu$, $\nu o\tilde{\upsilon}\varsigma$, *animus*), er hat seinen Ort in der Brust, ihn besitzt nur der Mensch; ferner den unvernünftigen ($\check{\alpha}\lambda o\gamma o\nu$, $\psi\upsilon\chi\acute{\eta}$, *anima*), er hat seinen Ort im ganzen Körper; Mensch und Tier besitzen ihn. Furcht und Leidenschaften sind krankhafte Erscheinungen des vernünftigen Seelenteils. Die Seele löst sich mit dem Tod in ihre Atome auf; aufgrund dieser Sterblichkeit ist ein Weiterleben, getrennt vom Körper, unmöglich. Absicht dieser atomistischen Welt- und Seelenerklärung ist es, die Furcht vor den Jenseitsmythen und den Göttern zu nehmen. Alles, was existiert und passiert, ist ja naturwissenschaftlich zu erklären. Übernatürliche Kräfte gibt es nicht. Wenn sich die Seele nach dem Tode auflöst, dann existieren wir nach dem Tode auch nicht mehr. Das aber hat die Konsequenz: „Der Tod geht uns nichts an." Todesfurcht ist in sich unsinnig.
Die Seelenlehre steht im Zusammenhang mit der Wahrnehmungslehre.

(c) *Die Erkenntnistheorie*
Nicht nur die Seelenlehre, sondern auch die Erkenntnislehre steht in enger Verknüpfung mit der Physik: Denken ist auf physikalische Erscheinungen und Vorgänge zurückzuführen.
Einzig wahre und Gewißheit verbürgende Erkenntnisquelle und damit Grundstock zum Wissen ist die sinnliche Wahrnehmung von real Existierendem. Es gibt drei Arten: körperliche Wahrnehmung ($\alpha\check{\iota}\sigma\vartheta\eta\sigma\iota\varsigma$) der fünf Sinne, innere Wahrnehmung ($\delta\iota\acute{\alpha}\nu o\iota\alpha$) und die Empfindung, die Gefühle ($\pi\acute{\alpha}\vartheta\eta$). Zur Wahr-

nehmung trägt nur die eine Seite der Erkenntnis bei: Allein das Objekt ist aktiv, indem von seiner Oberfläche unaufhörlich dünne Atomschichten sich ablösen und ausgehen und dabei die Körperform bewahren. Diese dringen in die passenden Hohlräume des Erkennenden ein und wirken so materiell auf das wahrnehmende, erkennende Subjekt, indem sie es affizieren und sich in dessen Auge gewissermaßen einsiegeln. Diese Bildchen sind extrem klein und schnell und garantieren eine überräumliche und überzeitliche Bewahrung der Figuren. Die (im Objekt entstehenden) Lücken werden schnell wieder aufgefüllt.

Auf der Seite des Subjekts sind nicht nur die dauernde Wahrnehmung, sondern auch die einmalige Fantasie, Traumbilder, Wahnvorstellungen wahr. Sie entstehen durch nicht körperhafte Atomverbindungen im leeren Raum. Sie sind zu fein, um auf die äußeren Sinnesorgane einzuwirken; sie dringen deshalb durch die Körperzonen direkt in die innere Wahrnehmung ($\delta\iota\acute{\alpha}\nu o\iota\alpha$) vor.

Erweist sich eine Sinneswahrnehmung hinterher als falsch, so ist nach der Bildchentheorie weder das Objekt noch die Sinneswahrnehmung dafür verantwortlich zu machen, sondern nur der Verstand, der aus der richtigen Sinneswahrnehmung etwas Falsches gemacht hat; der Mensch hat falsch gemeint, falsch ausgelegt. Um eine solche Verfälschung der grundsätzlich richtigen Sinnesdaten zu verhindern, muß jedes Objekt möglichst aus der Nähe betrachtet werden.

Sinnlich nicht wahrnehmbar sind Atome und Himmelskörper. Analogieschlüsse (durch Denkprozeß) vom Wahrnehmbaren auf Nichtwahrnehmbares sind jedoch möglich. Eine solche These hat so lange Bestand, wie der Augenschein nicht trügt. Eine Gedankenoperation aus sich heraus vermag keine Gewißheit zu verschaffen und Wahrheit zu vermitteln.

Mehrfache Wiederholung gleicher Wahrnehmungen führen allmählich zu Allgemeinvorstellungen, zu Begriffen; diese wiederum führen zu Meinungen, die durch andere, erneute Wahrnehmungen bestätigt werden müssen (Sensualismus!).

(d) *Die Götterlehre*
An der Existenz der Götter rüttelt Epikur nicht. Die Götter leben jedoch außerhalb unserer irdischen Welt, und zwar in den Zwischenwelten ($\mu\varepsilon\tau\alpha\kappa\acute{o}\sigma\mu o\iota$, *intermundia*), wo sie in Glückseligkeit, ewigem Frieden und Unsterblichkeit ihr Leben führen. Sie erleiden keinerlei Störung, empfinden keine Leidenschaft,

weder Zorn noch Sympathie. Sie verhängen keine Strafen (Gewitter entstehen ohne jegliche Einwirkung der Götter, sie sind vielmehr bloße Naturerscheinungen). Desgleichen sind die Götter durch Gebete und Bitten nicht zu gewinnen. Die Götter üben überhaupt keinen Einfluß auf das Schicksal der Menschen aus. ←→ Vergil: Opfer (Laocoon, Dido)

Damit wendet sich Epikur gegen die traditionelle Gottesvorstellungen Homers und aller derjenigen Dichter, die die Mythen verkünden; ferner gegen Platon und die Akademie, die den alten Mythos philosophisch unterbauen. Wohlgemerkt: Epikur kämpft nur gegen die **Mythos**vorstellung, nicht gegen die **Götter**existenz, die für ihn als (naturwissenschaftlich) erwiesen gilt. Die Absicht dieser seiner Lehre ist es, den Menschen die ängstliche Furcht (δεισιδαιμονία, superstitio) vor den unberechenbaren Göttern zu nehmen, die ihr Leben bedrückt, ein Umstand, der von den Priestern zur Unterdrückung der breiten Massen ausgenutzt wird.

Die epikureische Götterlehre ist jedoch — wie leicht zu ersehen ist — mit drei Paradoxien behaftet:

Erstens: Nach Epikur ist alles Seiende aus Atomen zusammengesetzt. Alles, was aus Atomen zusammengesetzt ist, muß untergehen. Auch die Götter sind aus Atomen zusammengesetzt. Die Folgerung würde lauten: Auch die Götter müssen untergehen. Die Paradoxie Epikurs besteht jedoch in der Behauptung: Die Götter gehen nicht unter.

Zweitens: Nach Epikur ist eine jede Lust gepaart mit Schmerz; nur ein sorgfältiges Ausgleichen zwischen Lust und Schmerz gewährleistet ein erträgliches Leben. Die Folgerung würde lauten: Auch die Götter müßten diesem Hin und Her des Ausgleichs zwischen Lust und Unlust unterstellt sein. Die Paradoxie Epikurs besteht jedoch in der Behauptung: Die Götter führen ein völlig ungetrübtes Leben.

Drittens: Nach Epikurs Erkenntnistheorie ist die einzige Erkenntnisquelle die sinnliche Wahrnehmung. Nun hat aber noch niemand einen Gott gesehen. Die Folgerung würde lauten: Götter dürfen nicht existieren. Die Paradoxie Epikurs besteht jedoch in der Behauptung: Es gibt unbedingt Götter. Diese Behauptung gilt sogar als wissenschaftlich erwiesen. Die Existenz der Götter ist so intensiv eingeprägt, daß ein Zweifel unmöglich ist.

Stellt man sich die Frage, warum Epikur die Götter (also etwas Geistiges) beibehält, so wird man darauf verweisen müssen, daß

Epikur sich damit offenbar die Erlebnissphäre des Religiösen bewahren wollte: das innere Erlebnis des ehrfürchtigen Staunens, der Bewunderung, der Freude voll Ergriffenheit — offenbar Urbedürfnisse der Menschheit. — Es ist ein Zeichen der griechischen Religion allgemein, daß sie weniger auf den Gedanken der Allmacht als vielmehr auf den der Schönheit und Gestalt, des Maßes und der Form abstellt. So entrückt das Beschauen der Götter den Menschen dem Umkreis dieser Welt; ihm wird die Möglichkeit eröffnet, sich zu den bekannten Höhen der Götter emporzuarbeiten und gottähnlich zu werden. Und in diesem Sinne fordert Epikur ein rechtes Verhalten der Menschen gegenüber den Göttern (εὐσέβεια, pietas).

(e) *Die Ethik*
Die bisher vorgetragene naturwissenschaftliche Erklärung (φυσιολογία) — zumeist von Demokrit übernommen und zum Teil vereinfacht und abgewandelt wiedergegeben — hat die Aufgabe, den Menschen von den Übeln, den *vulnera vitae*, zu heilen. Physik, Seelenlehre, Erkenntnistheorie, Götterlehre sind auf die Ethik ausgerichtet, stehen im Dienste der letzteren als ihr Hilfsmittel. Naturerklärung hat die Funktion eines Heilmittels. Kriterium für die Qualität einer Wissenschaft ist deren Brauchbarkeit als Mittel zum Zweck: Erlösung des Menschen. Theoretische Kenntnis als Selbstzweck vermag keinen Weg zum glücklichen Leben aufzuweisen.

Endziel der Ethik, die auf der Physik aufbaut, ist das Wohl des Menschen im Sinne einer abgeklärten, absoluten Gemütsruhe (γαλήνη, tranquillitas) und Ungestörtheit (ἀταραξία) als stiller Hafen in der stürmischen Zeit des Lebens. Seelenruhe jedoch nicht erst im jenseitigen Himmel, sondern als irdische Glückseligkeit.

Wie ist dies erreichbar? Wohin blickt Epikur? Wie schon angedeutet, setzt er bewußt bei demjenigen an, was **allen Lebewesen gemeinsam** ist — ein methodischer Ansatz, der für seine Richtung ausschlaggebend ist und von den Gegnern gerade aufs schärfste verurteilt wird: Die erste Empfindung von eindringlicher Evidenz lautet **Lust**. Diese wird zum erstrebenswerten Gut erklärt, als deren Folge sich dann die Seelenruhe einstellt. Der Schmerz erfährt von hier seine Einstufung als Schlimmstes, was dem Menschen begegnen kann.

Wie ist diese Lust beschaffen? Sie wird zunächst nicht als positive Größe bestimmt, sondern negativ als Aufhören und

Fehlen von Unlust, als Freisein von Schmerz: *vacuitas doloris,* ἀπονία. Diese negative Bestimmung erfährt einen positiven Sinn. Erreichbar ist dieses erstrebte Gut zunächst einmal in Form der sinnlichen Lust. Anfang eines jeden Gutes ist die Lust des Bauches, heißt es. Aber eine derartig kurzlebige Sinnenlust wäre allenfalls die Voraussetzung, niemals jedoch das einzige Gut. Das Leben kann sich gar nicht in Wohlleben, in einem lustvollen Genießen aller irdischen Freuden erschöpfen; denn solche positive Lust ist immer unstet, in Unruhe, in Bewegung und damit unzuverlässig. Jederzeit kann ihr ein größerer Schmerz, eben die Unlust, wieder folgen. Positive Lust dieser Art ist geradezu gekoppelt mit Schmerz, den sie fortlaufend nach sich zieht. Da die kurzlebige Sinnenlust unbrauchbar ist, so muß das Ziel gerade umgekehrt lauten: Reinigung von den nur momentanen Genuß verschaffenden Leidenschaften.

Nun gibt es jedoch durchaus einen Bereich, der dem Menschen ein sichereres Maß von Lust verschaffen kann: Der Bereich der seelischen und geistigen Lust erweist sich als intensiver und beständiger, da ihn – über das momentane Gegenwartserlebnis hinausgehend – Erinnerung an Vergangenes und Hoffnung auf Zukünftiges auszeichnen, und zwar in beiden Fällen Gedenken an Gutes. Ist dies gegeben, so kann irdische Glückseligkeit als die Summe **aller** Genüsse verstanden werden: sowohl gegenwärtiger als auch vergangener und desgleichen zukünftiger. Entscheidend ist demnach der erreichbare Gesamtzusammenhang von möglichst viel Lust, sprich: möglichst wenig Unlust.

Es erhellt, daß der Mensch nun in die Lage versetzt werden muß, die Unberechenbarkeit der positiven Lust soweit wie möglich in den Griff zu bekommen. Dazu bedarf er der Fähigkeit, das in jedem Augenblick ankommende Lust-Unlust-Quantum zu beurteilen, seine Folgen für die Zukunft zu überschauen, den richtigen Weg zwischen einem Maximum an Lust und einem Minimum an Unlust herauszufinden. Dabei kann es sich durchaus als notwendig erweisen, im Augenblick Unlust und Schmerz zu ertragen, um auf lange Sicht für die Zukunft Lust zu gewinnen: Genuß, aber mit Verstand. – Somit ist die Rolle des Denkens festgelegt: Nicht Selbstzweck, sondern Mittel zur Hebung der Lust. „Moralisches" Denken besteht in einer Wertung und Regelung der körperlichen Empfindungen. Ethik im Sinne Epikurs ist eine **Meßkunst,** die das Verhältnis zwischen gegenwärtiger Lust und zukünftiger Unlust abwägt, um einen maßvollen, jedoch zuverlässigen Genuß zu gewährleisten. Die richtige Abmessung ist Einsicht (φρόνησις), sie wird zur Quelle aller Tugenden. Sie dient vorzugsweise dem (egoistischen) Interesse des Individuums, denn dessen Glückseligkeit und Zufriedenheit allein ist das Ziel des Lebens. Daß dieses Berechnen des richtigen Maßes durchaus die Fähigkeit verlangt, Herr seiner Begierden zu sein und sein Leben maßvoll und vernünftig (nach den Weisungen der Natur) zu dirigieren, versteht sich von selbst.

Wie ist diese Meßkunst praktizierbar? Wird hierbei der Mensch nicht überfordert? Auch hier sieht Epikur keine Schwierigkeit. Er – der der Natur nur dasjenige abgelauscht hat, was auch jeder andere vernünftige Mensch vernehmen kann – verkündet schlichtweg, daß die Natur das Notwendige leicht erreichbar gemacht hat und das schwer zu Erreichende nicht notwendig ist. Für die menschlichen Triebe hat das die Konsequenz, daß gar nicht alle Triebe des Menschen einer Befriedigung bedürfen. Epikur spezifiziert das Begehren in natürliches und eitles. Letzteres bedarf keiner Befriedigung. Selbst das natürliche Begehren muß nicht in jedem Falle befriedigt werden; denn es gibt zwar solches, dessen Stillung unbedingt erforderlich ist (so mit dem Ziel der Schmerzlosigkeit und der Lebenserhaltung), aber auch solches, dessen Befriedigung nicht unbedingt erforderlich ist (so der Geschlechtstrieb). Überhaupt bleiben viele der natürlichen Begehren auch bei Nichtbefriedigung schmerzlos bzw. bedürfen zu ihrer Befriedigung nur geringer Mittel.

Epikur selbst hat ein Leben in Einfachheit und Genügsamkeit vorgelebt. Absolute Selbstbeherrschung, innere Überlegenheit ist die Haltung des Menschen, die ihn selbst im Reichtum nicht verlassen darf. Zu den eitlen, überflüssigen Begierden gehört insbesondere das Karrierestreben der Menschen; Ehrenämter sind für Epikur und seine Schüler kein erstrebenswertes Ziel. Seine Lebensweisheit lautet: **„Lebe im Verborgenen!"** Glück im Winkel – so lautet das Motto von Epikurs extremer Individualethik.

Die sittlichen Tugenden sind – im Gegensatz zur Stoa – nicht als Gut an sich erstrebenswert; sie dienen vielmehr der Lustgewinnung. Sie sind Güter, weil der tugendhafte Mensch am wenigsten den Anfeindungen von seiten der anderen ausgesetzt ist.

Gesellschaftliche Bindungen und Verpflichtungen stören den Seelenfrieden und stellen für Epikur deshalb keinen Wert dar. Anders ist das jedoch mit der **Freundschaft**. Ihr weist Epikur einen hohen Wert bei; ihr Ursprung liegt ja auch in einem extrem individuellen Bedürfnis und Verhältnis. Als ein er-

strebenswertes Gut gilt sie zunächst nur um des Nutzens und damit der Lust des Individuums willen. Dieser utilitaristische Gedanke macht jedoch später dem Gedanken Platz, daß der Freundschaft auch ein Selbstwert zukommt. So gewinnt sie – als Heimat für das hilfesuchende Individuum – einen derartigen Wert, daß nach den Göttern (als erster Realität) die Freundschaft als die zweite Realität zu stehen kommt.
Zur Kritik an Epikurs Hedonismus* könnte Kant, Grundlegung zur Metaphysik der Sitten, 1. Abschnitt, herangezogen werden.

*Lehre nach der der Genuss Sinn und Ziel menschlichen Handelns ist

C Die Realisierung

Die Umsetzung der Lehre in die Praxis geschieht in beiden Theorien durch die Gestalt des Weisen, jedoch auch hier auf grundverschiedene Art.

I Die Stoa

(1) D e r   W e i s e

Die Fähigkeiten, die Forderungen in der Praxis zu erfüllen, hat nur der Weise. Diese sind entweder Einsicht oder Seelenstärke oder Weisheit. Auf diesen ruhen die Kardinaltugenden Einsicht, Gerechtigkeit, Tapferkeit, Besonnenheit (im Gegensatz zu Unwissenheit, Ungerechtigkeit, Feigheit, Zuchtlosigkeit). Der Weise allein ist in der Lage, vollkommene Handlungen zu realisieren. Die orthodoxe Lehre erfordert kompromißlose Verwirklichung. Dieser stoische Weise in seiner Anhäufung superlativischer Attribute ist ein Mustertyp: Er ist wahrhaft frei (die Begierden sind seiner Vernunft unterworfen), reich (Glücksgüter sind ja nur Scheingüter), mächtig und wahrer König (äußere Herrschaft ohne innere Selbstbeherrschung trägt keinen Wert in sich), Dichter, Feldherr, Staatsmann (denn er allein besitzt die wahre Vernunft als Voraussetzung hierzu), Bettler und – Verrückter.
Der Nachteil: Dieser Weise verschwindet hinter seiner Lehre, er hat noch nie gelebt und wird nie leben, er ist weltfremd und blutleer, da abstrakt und schematisiert. Ein Zeichen dessen ist auch die Tatsache, daß der stoische Weise Selbstmord begehen darf eben unter der Voraussetzung, daß er dieses Idealbild in seinem Leben nicht verwirklichen kann.

(2) Der Normalmensch

Im Theoretischen zwar trennt eine äußerst scharfe Grenze den Weisen vom Nichtweisen. Im Praktischen jedoch gibt es ein Mittleres, wodurch beide Extreme einander begegnen. Das sind die **Pflichten** (καϑήκοντα, *officia*). Diese haben den Nachteil, daß sie keinen absoluten Wert besitzen, jedoch den Vorteil, daß sie durchaus erreichbar sind, da sie im Leben in der Mitte zwischen Gut und Böse liegen. (Weitere Einzelheiten siehe Cicero, De finibus bonorum et malorum, Lateinische Klassiker, Schöningh, hrsg. von E. Bernert, Textband S. 31–37).

II Epikur

Die (relative) Unerreichbarkeit des stoischen Weisen ist es gerade, die Epikur den umgekehrten Weg einschlagen läßt. Als illusionsloser, nüchterner Philosoph will er die Welt nicht von oben her bestimmen, sondern von unten her in den Griff bekommen. Wenn praktische Durchführbarkeit seiner Lehre oberstes Gebot ist, dann dürfen keinerlei Risiken, keine Unverständlichkeiten und Unerreichbarkeiten eingegangen werden. So beläßt Epikur seinen Schülern keinen eigentlichen Entscheidungsspielraum; vielmehr haben diese sich einem Dogmatismus zu beugen, innerhalb dessen ihnen ein fertiges, festes, starres System mit einprägsamen gebrauchsfertigen Lebensregeln dogmatisch Antworten auf alle praktischen Lebensfragen gibt.

In diesem Sinne wird die epikureische Lehre in vier einprägsamen kurzen Formulierungen, im sogenannten **Tetrapharmakon (der Vierfachmedizin)** den Schülern eingehämmert:

1. Der Tod ist ohne Schrecken.
2. Der Tod geht uns nichts an.
3. Das Gute ist leicht zu erwerben.
4. Das Schlimme ist leicht zu ertragen.

Epikurs Philosophie ähnelt einer Weltanschauungslehre mit den Dogmen eines religiösen Ordens. Dessen Richtschnur (Kanonik) ist für die Schüler verpflichtend.
Letzte Instanz ist nicht wissenschaftliches Fragen und Forschen (womöglich mit dem Ziel, im Nichtwissen, in der Aporie, zu landen – und zu stranden, wie Platon), sondern die Wahrheit um der Ruhe und Geborgenheit willen. Und hier hat die Autorität des Meisters stets das letzte Wort.
Aber dieses Bild des Meisters ist lebensnah. Vorgelebt wurde es

durch Epikur selbst. Die Züge des Stifters und Gründers selbst dienen als Vorbild des epikureischen Weisen. Das Ego des Lehrers selbst steht im Hintergrund von aller Lehre; seine große Einzelpersönlichkeit soll nachgelebt werden. Dabei bezieht sich diese Lehre keineswegs nur auf eine Elite, sondern gerade auf den einfachen Menschen. Auch Frauen sind miteinbezogen.

D Die Gegenüberstellung

Wir haben Stoa und Epikureismus nicht in Isolierung, sondern in Beziehung aufeinander kennengelernt. Im folgenden sollen noch einmal kurz Gemeinsamkeiten und Unterschiede in Stichwortform zusammengetragen werden.

I Die Gemeinsamkeiten

(1) F o r m a l

(a) Dogmatismus, Religionscharakter, gegen Intensivierung der Wissenschaft als Selbstzweck (was möglicherweise zum Skeptizismus und damit zur Verunsicherung führen könnte), trotzdem Anlehnung an bestimmte wissenschaftliche Systeme (zwecks Basis).

(b) Systematik

(2) I n h a l t l i c h

Ziel ist $εὐδαιμονία$ (wirkliches Lebensglück), das von Natur Gute; ferner Freiheit der Seele; Autarkie des von der Vernunft geleiteten Menschen.

(3) R e a l i s i e r u n g

Typ des Idealweisen; nur dieser ist wahrhaft glücklich; er ist dem Staat gegenüber völlig selbständig (anders allerdings die römische Stoa).

II Die Unterschiede

Aspekte		Stoa	Epikur
(1) Formal	(a) System	hochdifferenziert und durchdacht	Einfachheit, Nüchternheit
	(b) Adressat	Elite der Gebildeten	jedermann, auch der Einfachste, auch Frauen
(2) Inhaltlich	(a) Physik – Universum	Zweckmäßigkeit Teleologie *Vernunft*	Zufall, Konglomerat
	(b) Seelenlehre – Seele	unsterblich	sterblich
	(c) Religionslehre – Götter	Vorsehung *monotheistisch* *Weltvernunft* *zentraler Gottesbegriff (keine Person)*	keinerlei Eingriff in Welt und Mensch
	– Religion	sittlicher Rückhalt für Unterdrückte	kraftlos, ohne Hilfe
		allgemeine Menschenliebe	strikt gegen Christentum
	(d) Ethik – *summum bonum*	Tugend ⇔ *Laster* (*vitia*) (mehr als bloße Selbsterhaltung)	Lust *als Freisein von Schmerz (dolor)* (allem Lebendigen Gemeinsames)
	– Ideal	Bindung und Pflichten für Gemeinsames (Kosmos, Gemeinschaft, Gesellschaft, Staat)	Glück im Winkel, stille Beschaulichkeit, kleinste Zelle, Individualismus (außer Freundschaft)

· *naturam vivere*

· *Seelenruhe/-größe: magnitudo animi*

Seneca:
Ziel – tranquilitas animi
sich in sich selbst zurückziehen

1. Kapitel: Das Heilmittel

Text 35

Non fortuito factum videtur, sed a te ratione propositum, ut separatim de aegritudine et de ceteris perturbationibus disputaremus; in ea est enim fons miseriarum et caput. Sed et aegritudinis et reliquorum animi morborum una sanatio est: omnes opinabiles esse et voluntarios ea reque suscipi, quod ita rectum esse videatur. Hunc errorem quasi radicem malorum omnium stirpitus philosophia se extracturam pollicetur. Demus igitur nos huic excolendos patiamurque nos sanari. His enim malis insidentibus non modo beati, sed ne sani quidem esse possumus. Aut igitur negemus quicquam ratione confici, cum contra nihil sine ratione recte fieri possit? Aut, cum philosophia ex rationum collatione constet, ab ea, si et boni et beati volumus esse, omnia adiumenta et auxilia petamus bene beateque vivendi!

(1) (a) Was bezeichnet Cicero als das Ziel einer jeden Lebensführung? (b) Welche Aufgabe hat hierbei die *ratio*?
(2) (a) Welches sind die lateinischen Wörter, mit denen Cicero die Störung dieses normalen Lebens bezeichnet? (b) Wie werden diese Störungen beurteilt?
(3) Mit welchen lateinischen Ausdrücken wird die Aufgabe der Philosophie wiedergegeben: (a) allgemein, (b) negativ, (c) positiv?

Text 36

Illud quidem sic habeto: nisi sanatus animus sit — quod sine philosophia fieri non potest —, finem miseriarum nullum fore.

(1) (a) Störung des seelischen Geschehens und dessen (b) Heilung: welche zwei lateinischen Ausdrücke von **35** kehren hier wieder?

---

fortuito: = zufällig; dagegen ratione; — **factum — propositum:** erg. esse; — **sanatio:** = Heilung; erg. danach: docere (+ aci); — **opinabiles:** opinabilis = (bloß) eingebildet; — **voluntarios:** voluntarius = freiwillig; — **ea reque ..., quod:** ≈ et ea re ..., quod (= deshalb weil); — **insidentibus:** insídere = sich festsetzen; insidére = festsitzen. Welches Verb also? — **non modo:** = non modo non; — **rationum collatione:** durch Aneinanderreihung von Vernunftsätzen.

sic habeto: sic habere (+ aci) = es so halten, daß.

Text 37

Videamus, quanta sint, quae a philosophia remedia morbis animorum adhibeantur. Est enim quaedam medicina certe; nec tam fuit hominum generi infensa atque inimica natura, ut corporibus tot res salutares, animis nullam invenerit; de quibus hoc etiam est merita melius, quod corporum adiumenta adhibentur extrinsecus, animorum salus inclusa in his ipsis est.

(1) Es geht um Störungen im Bereich des Seelischen. (a) Welches Fachgebiet schwebt Cicero vor Augen, wenn er von der Behebung dieser seelischen Nöte spricht? (b) Welche lateinischen Wörter?
(2) (a) Inwiefern ist die Heilung seelischer Gebrechen von Natur aus sogar eher gewährleistet als die Behebung körperlicher Gebrechen? (b) Erscheint Ihnen eine solche Behauptung plausibel?

Dieser zuletzt ausgesprochene Gedanke kommt auch in der folgenden Stelle zum Ausdruck.

Text 38

Est profecto animi medicina, philosophia, cuius auxilium non — ut in corporis morbis — petendum est foris; omnibusque opibus viribus, ut nosmet ipsi nobis mederi possimus, elaborandum est.

Bis jetzt war von den seelischen Krankheiten im allgemeinen die Rede. Im folgenden werden diese genauer spezifiziert.

Text 39

Agamus ... ea potissimum, quae levationem habeant aegritudinum, formidinum, cupiditatum, qui omni e philosophia est fructus uberrimus.

(1) Tragen Sie noch einmal die lateinischen Wörter der Texte **35** bis **39** zusammen, die folgendes bezeichnen: (a) See-

---

remedia: Vor den Relativsatz stellen; — **Est:** Vollverb! — **nec ... ut:** ≈ nec natura generi hominum tam infensa (= feindselig) atque inimica fuit, ut; — **extrinsecus:** = von außen.

Est: Vollverb; — **foris:** = außerhalb; — **opibus viribus:** Asyndeton; — **nosmet:** Verstärktes nos.

lische Krankheiten als Objekt der philosophischen Bemühung, 1. allgemein, 2. speziell. (b) Aufgabe der Philosophie als Hilfsmittel.

2. Kapitel: Die Ethik

Die Forderung lautet: Philosophie als Medizin fürs Leben. Die Antwort darauf ist zu suchen in der Ethik, welche für das Heil des Menschen zu sorgen hat.

(a) Allgemein

Text 40

Quid est enim in vita tantopere quaerendum quam — cum omnia in philosophia, tum id, quod his libris quaeritur — qui sit finis, quid extremum, quid ultimum, quo sint omnia bene vivendi recteque faciendi consilia referenda, quid sequatur natura ut summum, ex rebus expetendis, quid fugiat ut extremum malorum? Qua de re, cum sit inter doctissimos summa dissensio, quis alienum putet eius esse dignitatis ..., quid in omni munere vitae optimum et verissimum sit, exquirere?

(1) Welche lateinischen Substantive drücken das Ziel menschlichen Handelns aus: (a) allgemein, (b) 1. negativ, 2. positiv?
(2) In diesem Text ist wieder einmal von der *dignitas* die Rede. Wessen Würde ist gemeint und auf welche Tätigkeit bezieht sie sich?

(b) Die Lehre Epikurs

Die allgemeine Formulierung dessen, welche Aufgabe der Ethik zukommt, ist geleistet. Die Frage entzündet sich nun an der inhaltlichen Bestimmung des *summum bonum*. Was alles kann man darunter verstehen?

---

finis — extremum — ultimum — summum: Synonyma zur Umschreibung des griech. Wortes τέλος = Ende, Ziel Vollendung, Grenze, Äußerstes, Hauptzweck; Vollkommenheit, Ideal; von hier aus spezifisch philosophisch: = das höchste Gut (das es für den Menschen zu erreichen gilt); — **omnia:** zu consilia; — **ut summum:** = als ...; — **quis ... quid:** ≈ quis putet alienum eius dignitatis esse: exquirere, quid.

(α) Der Anlaß

Text 41

Neque enim civitas (in seditione) beata esse potest nec (in discordia dominorum) domus; quo minus animus a se ipse dissidens secumque discordans gustare partem ullam liquidae voluptatis et liberae potest. Atqui pugnantibus et contrariis studiis consiliisque semper utens nihil quieti videre, nihil tranquilli potest. — Quodsi corporis gravioribus morbis vitae iucunditas impeditur, quanto magis animi morbis impediri necesse est. Animi autem morbi sunt cupiditates immensae et inanes divitiarum, gloriae, dominationis, libidinosarum etiam voluptatum. Accedunt aegritudines, molestiae, maerores, qui exedunt animos conficiuntque curis hominum non intellegentium nihil dolendum esse animo, quod sit a dolore corporis praesenti futurove seiunctum. Nec vero quisquam stultus non horum morborum aliquo laborat, nemo igitur est non miser. Accedit etiam mors, quae quasi saxum Tantalo semper impendet, tum superstitio, qua qui est imbutus quietus esse numquam potest. Praeterea bona praeterita non meminerunt, praesentibus non fruuntur, futura modo expectant, quae — quia certa esse non possunt — conficiuntur et angore et metu; maximeque cruciantur, cum sero sentiunt frustra se aut pecuniae studuisse aut imperiis aut opibus aut gloriae. Nullas enim consequuntur voluptates, quarum potiendi spe inflammati multos labores magnosque susceperant. Ecce autem alii minuti et angusti aut omnia semper desperantes aut malivoli, invidi, difficiles, lucifugi, maledici, . . . alii autem etiam amatoriis levitatibus dediti, alii petulantes, alii audaces, protervi, idem intemperantes et ignavi, numquam in sententia permanentes; quas ob causas in eorum vita nulla est

---

dissidens: = nicht übereinstimmend; — **discordans:** ≈ dissidens; — **liquidae:** liquidus = hell, klar, heiter; — **Atqui:** = Nun aber; — **maerores:** maeror = Trauer; — **qui exedunt ... intellegentium:** ≈ qui exedunt et conficiunt curis animos hominum non intellegentium; — **Nec vero ... laborat:** Doppelte Negation! — **bona:** substantiviert; — **cruciantur:** cruciare = martern, foltern, quälen; — **minuti:** minutus = verringert, geschwächt, unbedeutend, kleinmütig; — **desperare:** + acc.! — **malivoli:** malivolus = übelwollend, gehässig; — **lucifugi:** luci-fugus = licht-scheu; — **amatoriis levitatibus dediti:** = leichtfertigen Liebeshändeln ergeben; — **petulantes:** petulans = geneigt, andere anzugreifen; leichtfertig, ausgelas-

intercapedo molestiae. Igitur neque stultorum quisquam beatus neque sapientium non beatus. Multoque hoc melius nos veriusque quam Stoici. Illi enim negant esse bonum quicquam nisi –nescio quam–illam umbram, quod appellant honestum non tam solido quam splendido nomine; virtutem autem nixam (hoc honesto) nullam requirere voluptatem atque ad beate vivendum se ipsa esse contentam.

Für die Fragen (1) bis (5) müssen Sie jeweils den ganzen Text heranziehen.
(1) Was bezeichnet Epikur als Ziel des Lebens?
(2) Worin bestehen die Krankheiten der Seele *(animi morbi)*?
(3) Wie beurteilt der Epikureer (a) diese Krankheiten und (b) wie die Menschen, die ihnen erliegen?
(4) Inwiefern schaden diese Krankheiten dem Menschen?
(5) Welche Art von Schmerz existiert nach Meinung der Epikureer überhaupt nur?
(6) Epikur hält es für falsch, wenn die Stoiker nur ängstlich der Zukunft harren. Welche Haltung wird er demnach gutheißen?

(β) D a s   Z i e l

Text 42

Sic e physicis et fortitudo sumitur contra mortis timorem et constantia contra metum religionis et sedatio animi — omnium rerum occultarum ignoratione sublata — et moderatio — natura cupiditatum generibusque earum explicatis —; et — ut modo docui — cognitionis regula et iudicio ab eodem illo constituto veri a falso distinctio traditur.

Zeichnen Sie anhand der Fragen genau den Gedankengang Epikurs nach.
(1) Betreffs seelischer Erkrankung des Menschen:
(a) Welches sind die beiden Schreckgespenster, die den Menschen quälen? (b) Welcher Umstand ist schuld daran, daß der Mensch sich durch diese sein Leben unnötigerweise schwermachen läßt?

---

sen; — **intercapedo:** = Unterbrechung; — **beatus:** erg. est; — **nos:** erg. docemus; — **honesto:** honestum = das Sittlichgute; — **contentam:** erg. docent.

---

physicis: physica (n) = Physik; — **sedatio:** = Beruhigung; — **regula:** = Richtschnur.

(2) Betreffs Heilung des Menschen:
(a) Welcher Zustand im Menschen wird von Epikur durch Heilung angestrebt? (b) Welches Mittel wird zur Heilung eingesetzt? 1. allgemein, 2. speziell?

(γ) Die These

Text 43

Extremum ... esse bonorum voluptatem ex hoc facillime perspici potest: Constituamus aliquem magnis, multis, perpetuis fruentem et animo et corpore voluptatibus, nullo dolore nec impediente nec impendente. Quem tandem hoc statu praestabiliorem aut magis expetendum possimus dicere? Inesse enim necesse est in eo, qui ita sit affectus, et firmitatem animi nec mortem nec dolorem timentis, quod mors sensu careat, dolor in longinquitate levis, in gravitate brevis soleat esse, ut eius magnitudinem celeritas, diuturnitatem allevatio consoletur. Ad ea cum accedit, ut neque divinum numen horreat nec praeteritas voluptates effluere patiatur earumque assidua recordatione laetetur, quid est, quod huc possit, quod melius sit, accedere? Statue contra aliquem confectum tantis animi corporisque doloribus, quanti in hominem maximi cadere possunt, nullā spe propositā fore levius aliquando, nullā praettereā neque praesenti nec exspectata voluptate. Quid eo miserius dici aut fingi potest? Quodsi vita doloribus referta maxime fugienda est, summum profecto malum est vivere cum dolore. Cui sententiae consentaneum est ultimum esse bonorum cum voluptate vivere. Nec enim habet nostra mens quicquam, ubi consistat tamquam in extremo; omnesque et metus et aegritudines ad dolorem referuntur. Nec praeterea est res ulla, quae sua natura aut sollicitare possit aut angere. Praeterea et appetendi et refugiendi et omnino rerum

---

Extremum ... voluptatem: ≈ Voluptatem extremum (bonum) (omnium) bonorum esse. — **Quem ... dicere:** ≈ Quem tandem statum praestabiliorem aut magis hoc statu expetendum esse dicere possimus? — **timentis:** Zu animi; — **allevatio:** = Erleichterung; — **consoletur:** consolari = lindern, mildern; — **numen:** = Wille, Gebot; — **horreat:** horrere ≈ timere ≈ metuere; — **recordatione:** recordatio = Erinnerung; — **huc:** = dahin, dazu; — **confectum:** = erschöpft; — **fore ... aliquando:** = daß einmal ...; — **eo miserius** ≈ miserius quam id; — **consentaneum est:** = es ist vereinbar/vernunftgemäß; — **sua natura:** = ihrem Wesen nach; — **angere:** ≈ sollicitare ≈ vexare, erg. animum hominis; — **refugiendi:** refugere ≈

gerendarum initia proficiscuntur aut a voluptate aut a dolore. Quod cum ita sit, perspicuum est omnes rectas res atque laudabiles eo referri, ut cum voluptate vivatur. Quoniam autem id est vel summum vel ultimum vel extremum bonorum (quod Graeci τέλος nominant), quod ipsum nullam ad aliam rem, ad id autem res referuntur omnes, fatendum est summum esse bonum iucunde vivere.

Id qui in una virtute ponunt et, splendore nominis capti, quid natura postulet, non intellegunt, errore maximo, si Epicurum audire voluerint, liberabuntur. Istae enim (vestrae eximiae pulchraeque virtutes) nisi voluptatem efficerent, quis eas aut laudabiles aut expetendas arbitretur?

(1) Der Anfang dieses Textes bringt in gedrängter Form einige Momente der epikureischen Lehre:
(a) Höchstes Gut − höchstes Übel, also schlimmster Zustand. Lateinisch? (b) Ersteres besteht aus innerer Ruhe und Ausgeglichenheit. Lateinisch? (c) Inwiefern berührt der Tod den Menschen nicht? (d) 1. Wie verhalten sich Intensität und Dauer des Schmerzes? 2. Diese zwei Behauptungen über den Schmerz werden Ihnen − genau wie vielen, oder sogar allen anderen − als unrealistisch, als ein naiver Wunschtraum vorkommen. Man mag sogar fragen, ob Epikur selbst wirklich daran hat glauben können, gerade da er selbst von einer schweren, langanhaltenden Krankheit gepeinigt wurde. Verständnis kann man einer solchen Aussage nur abgewinnen, wenn damit eine bestimmte Absicht bezweckt wird. Welche? (Das lateinische Verb gibt Ihnen Auskunft darüber.)
(2) (a) In diesem Text kommt sehr schön zum Ausdruck, auf welche Weise Epikur auf sein Prinzip gestoßen ist. Wohin blickt er? Worin könnte man hier formallogisch den Fehler oder zumindest die Fragwürdigkeit sehen? (b) 1. Welches ist also inhaltlich das Grundprinzip, auf welchem Epikur seine Ethik aufbaut? 2. Woher holen andere Ethiken ihr Prinzip? Wie ist Epikurs Vorgehen zu beurteilen?

Text 44

Sed est isdem de rebus, quod dici possit subtilius, si prius Epicuri sententiam viderimus. Qui censet necesse esse omnes in

---

repudiare ≈ recusare; — **eo referri, ut:** = sich darauf beziehen, daß; — **Id qui:** ≈ Ii, qui id.

aegritudine esse, qui se in malis esse arbitrentur, sive illa ante provisa et exspectata sint sive inveteraverint. Nam neque vetustate minui mala nec fieri praemeditata leviora, stultamque etiam esse meditationem futuri mali aut fortasse ne futuri quidem. Satis esse odiosum malum omne, cum venisset. Qui autem semper cogitavisset accidere posse aliquid adversi, ei fieri illud sempiternum malum. Si vero ne futurum quidem sit, frustra suscipi miseriam voluntariam. Ita semper angi aut accipiendo aut cogitando malo. Levationem autem aegritudinis in duabus rebus ponit, avocatione a cogitanda molestia et revocatione ad contemplandas voluptates. Parere enim censet animum rationi posse et, quo illa ducat, sequi. Vetat igitur ratio intueri molestias, abstrahit ab acerbis cogitationibus, hebetem facit aciem ad miserias contemplandas. A quibus cum cecinit receptui, impellit rursum et incitat ad conspiciendas totaque mente contrectandas varias voluptates, quibus ille et praeteritarum memoria et spe consequentium sapientis vitam refertam putat.

(1) Auch hier wird – ähnlich wie in Text **41** – Epikurs Anlaß zu seinem philosophischen Engagement deutlich. Zeichnen Sie diesen Gedanken nach!
(2) (a) Welches ist die Instanz, die dem Menschen die Fähigkeit und Kraft verleihen soll, sich aus dieser Umklammerung durch die Lebensangst zu befreien? (b) Was stellen Sie sich darunter vor?

Text 45

Restat locus huic disputationi vel maxime necessarius, **de** amicitia, quam — si voluptas summum sit bonum — affirmatis nullam omnino fore. De qua Epicurus quidem ita dicit omnium rerum, quas ad beate vivendum sapientia comparaverit, nihil esse maius amicitia, nihil uberius, nihil iucundius. Nec vero hoc oratione solum, sed multo magis vita et factis et moribus comprobavit ... Nam cum solitudo et vita sine amicis insidiarum et

---

ante: = antea; — **inveteraverint:** inveterascere = alt werden, sich einbürgern; — **praemeditata** = das vorher Erwogene; — **Si vero:** = Wenn aber; — **sit:** ≈ fiat; — **angi:** erg. eum; — **avocatione:** avocatio = das Wegrufen/Ablenken; — **hebetem:** hebes = stumpf; — **receptui:** receptus = Rückzug; — **contrectandas:** = contrectare = sich befassen mit; — **refertam:** erg. esse.

---

comparaverit: comparare = bereitstellen; — **partis:** párere!

metus plena sit, ratio ipsa monet amicitias comparare; quibus partis confirmatur animus et a spe pariendarum voluptatum seiungi non potest.

Der Wert der Freundschaft mag den Anschein erwecken, als ob diese jeglicher Diskussion enthoben sei. Dennoch stellen sich zwei Fragen.
(1) Inwieweit ergibt sich Freundschaft aus Epikurs oberstem Ziel: Schmerzlosigkeit? Ist Freundschaft aus dem Prinzip Lust irgendwie „abgeleitet"? Oder wenn schon keine Ableitung besteht, so doch wenigstens eine Verbindungslinie? Oder ist es vielmehr so, daß Freundschaft als ein zweites Element **neben** Lust aufzufassen ist und mit diesem in keiner Weise zusammenhängt? Wie kann ein Denker überhaupt darauf kommen, den Wert der Freundschaft so hoch zu veranschlagen, d. h. einen selbstverständlichen (wenn auch nicht immer vorhandenen) Wert im Zusammenleben der Menschen in den Rang einer philosophischen Erkenntnis aufzustocken? Meinen Sie nicht, daß Epikur hier in die Gefahr schlittert, emotional gewissermaßen überzukochen oder – um es in Worten des Volksmundes zu sagen – zu sehr auf die Tränendrüse zu drücken?
(2) (a) Nun gibt Epikur im letzten Satz durchaus eine Begründung. Welche? (b) Sehen Sie darin eine Gefahr?
(3) (a) Inwiefern verknüpft er Freundschaft nun doch mit der Lust, dem höchsten Gut (wenngleich natürlich nicht im Sinne einer „Ableitung")? (b) Wie beurteilen Sie diese Verknüpfung?

(δ) Die Richtigstellung

Der Text **43** führt die These der Epikureer mehr programmatisch vor und ist deshalb dazu angetan, Mißverständnisse bei den Lesern und Hörern hervorzurufen. Die folgende Stelle soll vor diesen möglichen Vereinfachungen und Verflachungen warnen und das Wort des Anstoßes: *voluptas* ins richtige Licht setzen.

Text 46

Quam autem ego dicam voluptatem, iam videtis, ne invidia verbi labefactetur oratio mea. Nam cum ignoratione rerum bonarum et malarum maxime hominum vita vexetur ob eumque errorem et voluptatibus maximis saepe priventur et durissimis animi doloribus torqueantur, sapientia est adhibenda, quae – et terroribus cupiditatibusque detractis et omnium falsarum opinionum

---

invidia: = üble Nachrede; – **exhorrescere:** = sich erschrecken/entsetzen; –

temeritate derepta — certissimam se nobis ducem praebeat ad voluptatem. Sapientia enim est una, quae maestitiam pellat ex animis, quae nos exhorrescere metu non sinat. Qua praeceptrice in tranquillitate vivi potest, omnium cupiditatum ardore restincto. Cupiditates enim sunt insatiabiles, quae non modo singulos homines, sed universas familias evertunt, totam etiam labefactant saepe rem publicam. Ex cupiditatibus odia, discidia, discordiae, seditiones, bella nascuntur. Nec eae se foris solum iactant, nec tantum in alios caeco impetu incurrunt, sed intus etiam in animis inclusae inter se dissident atque discordant. Ex quo vitam amarissimam necesse est effici, ut sapiens solum — amputata circumcisaque inanitate omni et errore — naturae finibus contentus sine aegritudine possit et sine metu vivere. Quae est enim aut utilior aut ad bene vivendum aptior partitio quam illa, qua est usus Epicurus? Qui unum genus posuit earum cupiditatum, quae essent et naturales et necessariae, alterum, quae naturales essent nec tamen necessariae, tertium, quae nec naturales nec necessariae. Quarum ea ratio est, ut necessariae nec opera multa nec impensa expleantur. Ne naturales quidem multa desiderant, propterea quod ipsa natura divitias, quibus contenta sit, et parabiles et terminatas habet. Inanium autem cupiditatum nec modus ullus nec finis inveniri potest.

(1) In Ergänzung zu den Texten **42** und **43** werden auch hier einige Grundmomente der epikureischen Lehre vorgetragen. Fügen Sie in die folgende Gedankenleitlinie die jeweils entsprechenden lateinischen Wörter (numeriert von 1. bis 21.) aus dem Text hinzu:

(a) Das Grundübel liegt im Innern der Menschen: 1. Begierden, 2. Haßgefühle, 3. Zerwürfnisse, 4. Uneinigkeiten, 5. Kümmernis, 6. Furcht. Nicht nur im Innern wirksam, sondern auch nach 7. außen hin spürbar sind 8. Aufstände, 9. Kriege, 10. Schrecken. Epikur bezeichnet diese Erscheinungen als 11. gehaltlos, leer, hohl (Substantiv!); diese Menschen sind mit 12. Blindheit geschlagen. Wer so blind ist, ist von 13. Nichtwissen und 14. Irrtum geschlagen. Fazit: 15. ein äußerst bitteres Leben.

Qua praeceptrice: ≈ Si ea praeceptrix (= Lehrerin) est; — **restincto:** restinguere = auslöschen; — **amputata:** amputare = abschneiden; — **circumcisa:** circumcidere = ringsherum abschneiden; — **partitio:** = Einteilung; — **ratio:** = Beschaffenheit; — **impensa:** = Aufwand; — **parabiles:** parabilis = leicht zu verschaffen; — **terminatas:** terminare = abgrenzen.

(b) Um aus diesem Elend herauszukommen, muß der Mensch zunächst ein Ziel anpeilen. Dieses Endziel ist 16. Lust. Diese Lust besteht aus 17. Seelenruhe im irdischen Leben. Um dieses Ziel zu erreichen, bedarf er einer 18. Führerin, einer 19. Lehrerin; diese heißt 20. Vernunft. Speziell äußert sich diese Lebensweisheit darin, daß der Mensch 21. mit den Grenzen der Natur zufrieden ist.

(2) Die Frage, inwieweit die *cupiditates* des Menschen zu bremsen und unter Kontrolle zu bringen sind, wird im folgenden von Epikur genau beantwortet, indem er drei Arten *(genera)* von *cupiditates* unterscheidet. Erarbeiten Sie die Eigenart dieser *cupiditates* hinsichtlich Natürlichkeit und Notwendigkeit und ferner die Befriedigung dieser *cupiditates* hinsichtlich der Möglichkeit (also ob überhaupt), der Art und der Begründung dafür.

Text 47

Non placet autem detracta voluptate aegritudinem statim consequi, nisi in voluptatis locum dolor forte successerit, at contra gaudere nosmet omittendis doloribus, etiamsi voluptas ea, quae sensum moveat, nulla successerit. Eoque intellegi potest, quanta voluptas sit non dolere ... O praeclaram beate vivendi et apertam et simplicem et directam viam! Cum enim certe nihil homini possit melius esse quam vacare omni dolore et molestia perfruique maximis et animi et corporis voluptatibus, videtisne, quam nihil praetermittatur, quod vitam adiuvet, quo facilius id, quod propositum est, summum bonum consequamur? Clamat Epicurus — is, quem vos nimis voluptatibus esse deditum dicitis — non posse iucunde vivi, nisi sapienter, honeste iusteque vivatur, nec sapienter, honeste, iuste, nisi iucunde.

(1) Wie bescheiden Epikurs Anspruch auf Lust ist, wird hier deutlich. Denn was allein reicht schon zur Gewinnung von Freude aus, und worauf kann er durchaus verzichten?

(2) Der Kerngedanke der epikureischen Ethik ist im letzten Satz klar ausgesprochen; und den sollten endlich alle diejenigen beherzigen, die Epikur eine einseitige Orientierung an äußerer Sinnlichkeit vorhalten. (a) Was will er unter angenehmem Leben verstanden wissen? Wie lautet die Gleichung, die er aufstellt

---

Non placet: ≈ Non docemus; — **nisi ... forte:** = wenn nicht etwa; — **etiamsi voluptas ea ... nulla:** ≈ etiamsi nulla talis voluptas; — **O ... viam:** ≈ O praeclaram et apertam et simplicem et directam viam ad beate vivendum! — **quo facilius:** ≈ ut eo facilius.

(Adverbien)? (b) Offensichtlich ist diese Gleichung eben nicht so selbstverständlich, sonst hätte seine Lehre nicht so leicht in Mißkredit geraten können. Ist die Auffüllung des Wortes *iucunde,* so wie sie hier vorgenommen wird, überhaupt möglich und denkbar? Kennen Sie ähnliche Modelle? (c) Wollte man in besagter Gleichung Epikur doch recht geben, so ist er noch schwerer zu verstehen, wenn er in den letzten Worten *(nec...)* diese Gleichung umkehrt. Können Sie mit einer solchen These etwas anfangen?

Zum Schluß noch einmal eine gedrängte Darstellung der Hauptgedanken – in jedem Falle dafür geeignet, boshafte Interpretationen im Keime zu ersticken.

Text 48

Sic enim ab Epicuro sapiens semper beatus inducitur; finitas habet cupiditates, neglegit mortem, de diis immortalibus sine ullo metu vera sentit; non dubitat, si ita melius sit, migrare de vita. His rebus instructus semper est in voluptate. Neque enim tempus est ullum, quo non plus voluptatum habeat quam dolorum. Nam et praeterita grate meminit et praesentibus ita potitur, ut animadvertat, quanta sint ea quamque iucunda. **Neque pendet ex futuris, sed exspectat illa, fruitur praesentibus, ab iisque vitiis, quae paulo ante collegi, abest plurimum;** et, cum stultorum vitam cum sua comparat, magna afficitur voluptate. Dolores autem – si qui incurrunt – numquam vim tantam habent, ut non plus habeat sapiens, quod gaudeat, quam quod angatur. Optime vero Epicurus, quod exiguam dixit fortunam intervenire sapienti maximasque ab eo et gravissimas res consilio ipsius et ratione administrari neque maiorem voluptatem ex infinito tempore aetatis percipi posse, quam ex hoc percipiatur, quod videamus esse finitum.

(1) Epikur möchte richtig verstanden werden, und zwar in dem Sinne, daß er im Grunde gar nicht viel fordert, um *voluptas* zu erreichen. Wie lautet das Argument?

---

finitas: ≈ terminatas **46**; – **grate:** = gern; – **pendet:** pendere ex = abhängig sein von; – **ab iisque:** ≈ et ab iis; – **ante:** = antea; – **quod gaudeat:** quod = worüber; – **exiguam ... fortunam intervenire sapienti:** = daß das Schicksal nur in geringem Ausmaß dem Weisen in den Weg trete.

(ϵ) Die philosophische Begründung

Mag die Lehre der Epikureer auch noch so überzeugend dargestellt und gegen unqualifizierte Angriffe von Gegnern abgesichert sein, so bleibt sie doch noch immer eine These. Aus diesem Grund muß ihren Vertretern daran gelegen sein, sie dergestalt zu erhärten, daß ihr nicht mehr die Schwäche des vermeintlich bloß Theoretischen anhaftet. Positiv heißt das: Diese Lehre muß auftreten als eine Gegebenheit, die sich jedem, der Augen hat, aufdrängt. Und so hat dann auch Epikur im Grunde genommen nicht mehr geleistet als nur eine Selbstverständlichkeit abgelegt − und verkündet.

Worin liegt nun das Kriterium für diese Lehre? Wohin hat Epikur geschaut? Die Antwort auf diese Frage leistet der folgende kurze Passus − ein Argument, das schon im Text **43** kurz anklang.

Text 49

[Omne animal, simulatque natum sit, voluptatem appetere eaque gaudere (ut summo bono), dolorem aspernari (ut summum malum) et, quantum possit, a se repellere, idque facere nondum depravatum, ipsa natura incorrupte atque integre iudicante. Itaque negat opus esse ratione neque disputatione, quamobrem voluptas expetenda, fugiendus dolor sit.

(1) Woher gewinnt Epikur seine Norm für die rechte Gestaltung des menschlichen Lebens? Ziehen Sie Text **43** und dessen Interpretation **43F2** zu Rate!

(ζ) Die Widerlegung

Zwar begründen die Epikureer ihre Lehre mit der plausiblen Erklärung, nur dasjenige zu fordern, was die Natur ohnehin verlangt *(quid natura desideret)*; das kann aber die Kritiker nicht davor zurückhalten, in der Beweisführung der Epikureer einen Widerspruch aufzudecken und von hier aus die Unhaltbarkeit der Lehre zu erweisen. Wenn Epikurs Gegnern **diese** Art von Widerlegung gelingen sollte, so brächte das für sie immerhin den Vorteil, daß man ihnen keine unfaire Verdrehung der Terminologie und somit keine gewollte Fehlinterpretation (so z. B. *voluptas* als bloße Sinnenlust) vorhalten könnte.

Omne ... depravatum: erg. Epicurus docuit; — **depravatum:** depravare = entstellen, verunstalten, verderben.

Text 50

Fac sane esse summum bonum non dolere (quamquam id non vocatur voluptas...). Idne est, quo traducti luctum levemus? Sit sane summum malum dolere; in eo igitur qui non est, si malo careat, continuone fruitur summo bono?

(1) Hier nehmen die Gegner Epikurs diesen beim Wort, sie lassen sich auf seine Behauptung bezüglich des höchsten Gutes ein. Aber schon im Ansatz bleiben sie stecken, und zwar bei einem, fast möchte man sagen, rein formalen Punkt:
Epikurs **Definition** der *voluptas*. Sie setzen also genau da an, wo er durch Bescheidenheit und Zurückhaltung gerade böswillige Kritiker auf seine Seite zu ziehen beabsichtigt, indem er formuliert: Was ich verlange, ist im Grunde gar nicht viel; dies zu erreichen ist für jeden Menschen möglich. (a) Welchen (theoretischen) definitorischen Fehler begeht ihrer Meinung nach Epikur? (b) Welche praktische Auswirkung bezweifeln sie?
(2) In gleicher Weise beim ,,höchsten Übel" oder – wie wir eher formulieren würden – bei dem ,,Schlimmsten, was dem Menschen passieren kann": (a) Sie drehen dieses Argument geschickt um und weisen Epikur einen entscheidenden Fehler nach. Welchen? (b) Wieviel Zustände im Menschen unterscheidet also 1. Epikur und 2. seine Kritiker?

Genau die Kritik, die am Ende von Text **50** anklang, findet im folgenden Passus ihre Präzisierung.

Text 51

Quis enim est, qui non videat haec esse in natura rerum tria? Unum, cum in voluptate sumus, alterum, cum in dolore, tertium hoc, in quo nunc equidem sum, credo item vos, nec in dolore nec in voluptate, ut in voluptate sit, qui epuletur, in dolore, qui torqueatur. Tu autem inter haec tantam multitudinem hominum interiectam non vides nec laetantium nec dolentium?

(1) Sehen Sie eine Möglichkeit, in diesem Streit eine Entscheidung herbeizuführen? Wem neigen Sie persönlich zu?

Fac sane esse: = Nimm immerhin/ruhig einmal an, daß ist. — **levemus:** levare = erleichtern, mildern.

haec ... tria: ≈ in natura rerum esse haec (= folgende) tria (gemeint: Zustände).

Text 52

At idem ait non crescere voluptatem dolore detracto summamque esse voluptatem nihil dolere. Paucis verbis tria magna peccata: Unum, quod secum ipse pugnat. Modo enim ne suspicari quidem se quicquam bonum, nisi sensus quasi titillarentur voluptate; nunc autem summam voluptatem esse dolore carere. Potestne magis secum ipse pugnare? Alterum peccatum, quod — cum in natura tria sint: unum gaudere, alterum dolere, tertium nec gaudere nec dolere — hic primum et tertium putat idem esse nec distinguit a non dolendo voluptatem. Tertium peccatum commune cum quibusdam, quod — cum virtus maxime expetatur eiusque adipiscendae causa philosophia quaesita sit — ille a virtute summum bonum separavit.

(1) Nach Meinung der Kritiker bietet Epikur zwei Definitionen des höchsten Guts, die im Widerspruch zueinander stehen. Welche? Welcher Widerspruch?
(2) Der zweite Fehler wiederholt den Vorwurf der Texte **50** und vor allem **51**. Welchen?
(3) Der dritte Tadel, den Epikur einstecken muß, greift bis zur Wurzel: Epikur erreicht gar nicht das *summum bonum,* und zwar deshalb nicht, weil er unter *virtus,* die die Menschen zum *summum bonum* geleiten soll, etwas anderes versteht als beispielsweise die Stoiker. Was verstehen die Kritiker unter *virtus* und wohin blickt Epikur? Worin besteht der Gegensatz? Ziehen Sie Text **49** zu Rate!

Nun könnte der Aufweis einer inneren Widersprüchlichkeit von den Epikureern als eine rein **theoretische** Angelegenheit abgetan werden; Wissenschaftlichkeit um ihrer selbst willen betrachten sie ohnehin als ein belangloses Unternehmen. Ihren Gegnern muß aus diesem Grunde daran gelegen sein, auch die Folgen in der **Praxis** aufzuweisen; hier müßten die Epikureer doch zu schlagen sein. Das heißt, es muß gelingen, die epikureische Lehre als eine Gefahr für das öffentliche Leben bloßzustellen.

---

idem: = Epicurus; — **peccata:** peccatum = Fehler; erg. jeweils sunt oder est; — **secum ipse pugnat:** secum ipse pugnare = sich selbst widersprechen; — **Modo ... bonum:** ≈ Modo (= soeben) enim dixit se ne suspicari (= ahnen) quidem quicquam bonum. — **titillarentur:** titillare = kitzeln.

Text 53

Quod huic officium, quae laus, quod decus erit tanti, quod adipisci cum dolore corporis velit, qui dolorem summum malum sibi esse persuaserit? Quam porro quis ignominiam, quam turpitudinem non pertulerit, ut effugiat dolorem, si id summum malum esse decreverit? Quis autem non miser non modo tunc, cum premetur summis doloribus, si in his est summum malum, sed etiam cum sciet id sibi posse evenire? Et quis est, cui non possit? Ita fit, ut omnino nemo esse possit beatus.

(1) Drei Momente werden aufgeführt, die für jeden wahrhaften Römer unentbehrlich sind: *officium, laus, decus.* Diese drei stehen jedoch nicht nebeneinander, sondern in einem Abhängigkeitsverhältnis: *Laus* und *decus*, für das persönliche Glück *(beatus)* unentbehrlich, sind nicht auf das Individuum beschränkt, sondern nur durch **Pflichterfüllung** (*officium*) **am Staat** zu erringen. An dieser darf nicht gerüttelt werden, wie Sie aus den Texten **14** bis **20** entnommen haben. – Ein zweiter Gedanke tritt hinzu: Die derart festgelegten Eigenschaften *laus* und *decus* fallen den Politikern nicht durch alleinige Pflichterfüllung in den Schoß, sondern sie müssen mit Schmerzen erarbeitet werden. Der Einsatz für den Staat kostet beständige Opfer. (a) Worin liegen diese? Suchen Sie 2 lateinische Substantive heraus! (b) Mit welchen Substantiven aus **15** Ende und **16** Ende sind diese beiden nahezu deckungsgleich? – Wie Sie feststellen, wird damit die Argumentation der Gegner einer politischen Betätigung geradezu umgekehrt: Politischer Einsatz ist eben per definitionem ohne jene negativen Begleiterscheinungen nicht realisierbar.
(2) Was ist demnach besonders schlimm an der Argumentation der Epikureer, wenn sie den Schmerz als höchstes Übel beklagen und die genannten praktischen Folgerungen daraus ziehen?

Zum Schluß sei noch ein letzter Punkt angeführt. Die Epikureer, unter allen Umständen auf Schmerzlosigkeit bedacht, halten die bange Sorge um die ungewisse Zukunft für sinnlos; denn das

---

Quod ... persuaserit: ≈ Quod huic, (Relativsatz) qui ... persuaserit, officium; – **erit tanti, quod:** ≈ erit tanti (= wird ihm so viel wert sein), ut ea; – **Quam porro quis ignominiam:** ≈ Quam porro (= ferner) ignominiam iste (vir); – **miser:** erg. erit; – **tunc:** ≈ tum; – **possit:** erg. id evenire.

Ergebnis dieser ängstlichen Bemühungen lautet eher: noch mehr Schmerz — und geht so am eigentlichen Ziel: Frieden für die eigene Seele, vorbei. Das ging aus den Texten **41** und **44** (vgl. **41F6**) hervor. — Was haben die Gegner hierzu vorzubringen?

Text 54

Principio male reprehendunt praemeditationem rerum futurarum. Nihil est enim, quod tam obtundat elevetque aegritudinem, quam perpetua in omni vita cogitatio nihil esse, quod non accidere possit, quam meditatio condicionis humanae, quam vitae lex commentatioque parendi, quae non hoc adfert, ut semper maereamus, sed ut numquam. Neque enim, qui rerum naturam, qui vitae varietatem, qui imbecillitatem generis humani cogitat, maeret, cum haec cogitat, sed tum vel maxime sapientiae fungitur munere. Utrumque enim consequitur, ut et considerandis rebus humanis proprio philosophiae fruatur officio et adversis casibus triplici consolatione sanetur: primum, quod posse accidere diu cogitavit, quae cogitatio una maxime molestias omnes extenuat et diluit; deinde, quod humana humane ferenda intellegit; postremo, quod videt malum nullum esse nisi culpam, culpam autem nullam esse, cum id, quod ab homine non potuerit praestari, evenerit. — Nam revocatio illa, quam adfert, cum a contuendis nos malis avocat, nulla est. Non est enim in nostra potestate — fodicantibus iis rebus, quas malas esse opinemur — dissimulatio vel oblivio; lacerant, vexant, stimulos admovent, ignes adhibent, respirare non sinunt. Et tu oblivisci iubes, quod contra naturam est, qui, quod a natura datum est auxilium,

---

Principio: = zuerst; — **male:** = zu Unrecht; — **praemeditationem:** praemeditatio = das Vorher-bedenken, die Vorausschau; — **obtundat:** obtundere = abstumpfen, schwächen; — **elevet:** elevare = erleichtern; — **perpetua:** zu cogitatio (= Gedanke) (+ aci); — **commentatio:** = Überlegung; — **rerum naturam:** rerum natura = natürliche Ordnung, Lauf der Welt; — **vel maxime:** = wohl am meisten; — **fungitur munere:** munere fungi = ein Amt verwalten, Pflicht erfüllen; — **proprio philosophiae fruatur officio:** = die eigentliche Aufgabe der Philosophie erfüllt; — **quod ... cogitavit:** ≈ quod diu cogitavit id accidere posse. — **quae cogitatio:** ≈ cogitatio, quae; — **extenuat:** extenuere = vermindern, schwächen; — **diluit:** diluere = auflösen, schwächen; — **ferenda:** erg. esse; — **praestari:** praestare + acc. = die Verantwortung tragen für etwas; — **revocatio:** = das Zurückrufen, die Ablenkung; — **fodicantibus:** fodicare = wühlen; — **qui ... doloris:** ≈ qui auxilium contra inveteratum dolorem, quod a natura datum est, extor-

extorqueas inveterati doloris? Est enim tarda illa quidem medicina, sed tamen magna, quam adfert longinquitas et dies.

(1) (a) Nennen Sie die Themenkreise, über welche die Stoiker nachsinnen! (b) Welches ist die Folge dieser Erwägungen nach Meinung 1. der Epikureer und 2. der Stoiker?
(2) Wie beurteilen Sie die Widerlegung der gegnerischen Einwände? Gehen die Stoiker auf das zentrale Argument ein?
(3) (a) Die Stoiker greifen noch tiefer: Es ist von Epikur falsch gesehen, wenn er den Stoikern unterstellt, sie drängten sich förmlich danach, über die Mißgeschicke des Lebens nachzudenken. Wie vielmehr sehen die Stoiker diesen Sachverhalt? (b) Wie würden Sie entscheiden?

(c) Die Stoa

Lautete das Zentralwort der Epikureer **Lust**, um das sich alle anderen Forderungen, Begründungen, Angriffe und Richtigstellungen rankten, so ist es bei den Stoikern die **Pflicht**, die im Mittelpunkt der Ethik steht. Wie die Menschen hier ganz anders angegangen werden, soll aus den folgenden Textauszügen erhellen.

(α) Die Thematik

Der erste Text führt in die Thematik als solche ein.

Text 55

Cum multa sint in philosophia et gravia et utilia accurate copioseque a philosophis disputata, latissime patere videntur ea, quae de officiis tradita ab illis et praecepta sunt. Nulla enim vitae pars neque publicis neque privatis neque forensibus neque domesticis in rebus neque, si tecum agas quid, neque, si cum altero contrahas, vacare officio potest. In eoque et colendo sita vitae est honestas omnis et neglegendo turpitudo. — Atque haec quidem

---

queas. — **extorquere:** = ent-winden, entreißen; — **tarda:** = langsam (in der Wirkung); — **longinquitas et dies:** ≈ longinquitas (= Länge) temporis.

---

latissime patere: ≈ ad omne vitae genus, tempus, munus pertinere; — **praecepta:** praecipere ≈ praescribere ≈ docere; — **contrahas:** contrahere = ein Geschäft abschließen; — **In ... turpitudo:** ≈ Et in eo (= officio) et

quaestio communis est omnium philosophorum. Quis est enim, qui nullis officii praeceptis tradendis philosophum se audeat dicere? — Sed sunt nonnullae disciplinae, quae [propositis bonorum et malorum finibus] officium omne pervertant. Nam qui summum bonum sic instituit, ut nihil habeat cum virtute coniunctum, idque suis commodis, non honestate metitur, hic — [si sibi ipse consentiat et non interdum naturae bonitate vincatur] — neque amicitiam colere possit nec iustitiam nec liberalitatem. Fortis vero dolorem summum malum iudicans aut temperans voluptatem summum bonum statuens esse certe nullo modo potest . . . (Hae disciplinae) igitur, si sibi consentaneae velint esse, de officio nihil queant dicere. Neque (ulla officii praecepta) firma, stabilia, coniuncta naturae tradi possunt nisi (ab iis) qui solam, aut (ab iis) qui maxime honestatem propter se ducant expetendam. Ita propria est ea praeceptio Stoicorum . . .

(1) Hier wird das engmaschige Netz der Pflichten geschildert, mit welchem die Menschen belegt werden. Versuchen Sie, Ciceros lockerer Aufzählung eine Gliederung zu geben.
(2) (a) Was stellen die Stoiker als *summum bonum* im einzelnen auf? (b) Was würden die Epikureer hierauf antworten?

(β) Das Programm

Mit dem letzten Satz aus **55** sind die Weichen für Cicero gestellt. In seiner Schrift, die er ganz dem Thema der Pflichten widmet, formuliert er sein Programm in folgender Weise:

(= und zwar einerseits) colendo (omnis honestas vitae sita est) et (= andererseits jedoch) neglegendo (omnis) turpitudo (vitae sita est). — **nullis . . . tradendis:** ≈ si nulla officii praecepta a se tradantur: — **disciplinae: 8!** — **propositis . . . finibus:** abl. abs. „indem/wenn"; — **pervertant:** pervertere ≈ evertere, tollere; — **metitur:** metiri = messen an; — **naturae bonitate:** = durch angeborene Sittlichkeit; — **Fortis . . . potest:** ≈ At certe nullo modo fortis vir potest esse talis vir, qui dolorem summum malum esse iudicet; neque temperans (= maßvoll, enthaltsam) vir potest esse is, qui voluptatem summum bonum esse statuat; — **consentaneae:** sibi consentaneus = mit sich selbst übereinstimmend, konsequent, folgerichtig; — **solam:** erg. honestatem; — **ducant:** ≈ putant; — **expetendam:** erg. esse.

Text 56

Sequimur igitur hoc quidem tempore et hac in quaestione potissimum Stoicos, non ut interpres; sed — ut solemus — e fontibus eorum iudicio arbitrioque nostro, quantum quoque modo videbitur, hauriemus.
Placet igitur, quoniam omnis disputatio de officio futura est, ante definire, quid sit officium... Omnis enim quae ratione suscipitur de aliqua re institutio, debet a definitione proficisci, ut intellegatur, quid sit id, de quo disputetur.
Omnis (de officio) duplex est quaestio. Unum genus est, quod pertinet ad finem bonorum, alterum, quod positum est in praeceptis, quibus in omnes partes (usus vitae) conformari possit. Superioris generis huius modi sunt exempla, omniane officia perfecta sint, num quod officium aliud alio maius sit, et quae sunt generis eiusdem.

(1) Der Fragenbereich der Pflichtenlehre wird hier grob vorgezeichnet. Was sagt Cicero?

(γ) Der anthropologische Hintergrund

Mit welcher Berechtigung wird ein Mensch in ein engmaschiges Netz von Vorschriften — die in unserer Auswahl im Detail nicht zur Sprache kommen — eingespannt? Zu verstehen sind diese hochgeschraubten Anforderungen nur auf dem anthropologischen Hintergrund: Wie steht der Mensch innerhalb des Naturganzen da? Als was wird er betrachtet? Nimmt er von Natur aus eine besondere Stellung ein, auf Grund derer die Erfüllung der Pflichten für ihn nicht etwa eine zusätzliche (entbehrliche) Bürde, sondern eine Erfüllung seines eigentlichen Wesens bedeutet?

---

potissimum: = hauptsächlich, vorzugsweise; — **videbitur:** ≈ mihi placuerit; — **quoque modo:** = et quo modo; — **ante:** = antea; — **omnis:** Zu verbinden mit institutio (= Unterweisung; Abhandlung); — **proficisci:** ≈ incipere ≈ ordiri; — **Omnis:** Zu verbinden mit quaestio; — **finem bonorum:** finis bonorum = (theoretischer) Begriff des höchsten Gutes; dagegen usus vitae = (praktische) Anwendung auf die Gestaltung des Lebens; — **positum est:** = beruhen auf; **in omnes partes:** = im ganzen Umfang, ganz allgemein; — **conformari:** conformare = gestalten, einrichten; — **Superioris ... exempla:** ≈ Exempla superioris (= zuerst genannt) generis sunt huius modi. — **perfecta:** perfectus = vollkommen.

Text 57

(1) Generi animantium omni est a natura tributum, ut se, vitam corpusque, tueatur, declinet ea, quae nocitura videantur, omniaque, quae sint ad vivendum necessaria, anquirat et paret — ut pastum, ut latibula, ut alia generis eiusdem. Commune item animantium omnium est coniunctionis adpetitus procreandi causa et cura quaedam eorum, quae procreata sunt.

(2) Sed inter hominem et beluam hoc maxime interest, quod haec tantum, quantum sensu movetur, ad id solum, quod adest quodque praesens est, se accommodat, paulum admodum sentiens praeteritum aut futurum.

(3) Homo autem, quod rationis est particeps — per quam consequentia cernit, causas rerum videt earumque praegressus et quasi antecessiones non ignorat, similitudines comparat rebusque praesentibus adiungit atque adnectit futuras —, facile totius vitae cursum videt ad eamque degendam praeparat res necessarias.

(4) Eadem natura vi rationis hominem conciliat homini et ad orationis et ad vitae societatem; ingeneratque imprimis praecipuum quendam amorem in eos, qui procreati sunt; impellitque, ut hominum coetus et celebrationes et esse et a se obiri velit ob easque causas studeat parare ea, quae suppeditent ad cultum et ad victum, nec sibi soli, sed coniugi, liberis ceterisque, quos caros habeat tuerique debeat. Quae cura exsuscitat etiam animos et maiores ad rem gerendam facit.

(5) Imprimisque hominis est propria veri inquisitio atque investigatio. Itaque, cum sumus necessariis negotiis curisque

---

se, vitam corpusque: ≈ se, id est vitam et corpus; — **nocitura:** erg. esse; — **anquirat:** anquirere = untersuchen; — **pastum:** pastus = Nahrung; — **latibula:** latibulum = Schlupfwinkel; — **Commune:** = Gemeinsamkeit; — **tantum — quantum:** = nur so viel, wie; — **accommodat:** se accommodare = sich (mit s. Verhalten) richten nach; — **paulum admodum:** = nur äußerst wenig, — **consequentia:** (ntr.pl.) = die Folge(runge)n; — **praegressus:** = das Vorhergehen, die Ursache; — **antecessiones:** antecessio ≈ praegressus; — **ad eamque:** = et ad eam; — **degendam:** vitam degere = sein Leben verbringen; — **conciliat:** conciliare = verbinden; — **ingenerat:** ingenerare = einpflanzen; — **celebrationes:** celebratio = (wiederholtes) Zusammenkommen, Geselligkeit (der Menschen untereinander); — **cultum:** cultus = verfeinerte Bedürfnisse, Bildung; — **victum:** victus = Lebensunterhalt (Primärbedürfnisse); — **exsuscitat:** exsuscitare = er-

vacui, tum avemus aliquid videre, audire, addiscere; cognitionemque rerum aut occultarum aut admirabilium ad beate vivendum necessariam ducimus. Ex quo intellegitur, quod verum, simplex sincerumque sit, id esse naturae hominis aptissimum. — Huic veri videndi cupiditati adiuncta est appetitio quaedam principatus, ut nemini parere animus bene informatus a natura velit nisi praecipienti aut docenti aut utilitatis causa iuste et legitime imperanti. Ex quo magnitudo animi exsistit humanarumque rerum contemptio. *Seelengröße*

Nec vero illa parva vis naturae est rationisque, quod unum hoc animal sentit, quid sit ordo, quid sit, quod deceat in factis dictisque, qui modus. Itaque eorum ipsorum, quae aspectu sentiuntur, nullum aliud animal pulchritudinem, venustatem, convenientiam partium sentit. Quam similitudinem natura ratioque ab oculis ad animum transferens multo etiam magis pulchritudinem, constantiam, ordinem in consiliis factisque conservandam putat; cavetque, ne quid indecore effeminateve faciat aut cogitet.

Quibus ex rebus conflatur et efficitur id, quod quaerimus, honestum. Quod, etiam si nobilitatum non sit, tamen honestum sit; quodque vere dicimus, etiam si a nullo laudetur, natura esse laudabile.

Wie es bei vielen anthropologischen Bestimmungen geschieht, so wird auch hier der Mensch zunächst als Lebewesen schlechthin gesehen; danach wird das Tier von ihm abgesetzt; und schließlich steht er in seiner ihm eigenen Größe und Würde da. Erar-

---

wecken, anregen; — **avemus:** avere, aveo = begehren, verlangen; — **ducimus:** ducere = halten für; — **informatus:** informare ≈ formare = gestalten, bilden; — **contemptio:** = Verachtung; — **Nec ... rationisque:** ≈ Nec vero (= aber auch nicht) illa (= die folgende) vis naturae et rationis parva est. — **dictisque:** dictum = verbum; — **Itaque ... sentit:** ≈ Itaque nullum aliud animal sentit pulchritudinem, venustatem (= Anmut), convenientiam (= Übereinstimmung, Harmonie) partium in iis ipsis rebus, quae aspectu sentiuntur; — **sentiuntur:** sentire = wahrnehmen; — **Quam similitudinem ... transferens:** ≈ Natura et ratio, similitudinem (= Ähnlichkeit, Analogie) earum rerum ... transferens; — **conservandam:** erg. esse, bezogen auf alle vorhergehenden Substantive; — **indecore:** = unpassend, unschicklich; — **effeminate:** = verweichlicht, unmännlich; — **conflatur:** conflare = verschmelzen, entwickeln, bilden; — **nobilitatum:** ≈ multitudini probatum ≈ omnibus notum; nobilitare = bekannt machen; — **quodque:** = et quod (= 1. Rel.-pron., 2. Subj. des aci).

beiten Sie den Inhalt dieses langen Stückes – indem Sie dem Verlauf des Textes sukzessiv folgen – nach den folgenden Fragen. Versuchen Sie hierbei, prägnante deutsche Ausdrücke zu finden, mit denen Sie die Anhäufung der lateinischen Wörter auf ihren Kern reduzieren!
(1) Was wird ausgesagt über die Lebewesen im allgemeinen hinsichtlich ihrer Ziele und Mittel?
(2) Das Dasein des Tiers wird präzisiert durch zwei Bestimmungen: das Mittel der Umwelterkenntnis und die zeitliche Reichweite. Welches sind diese Bestimmungen?
(3) In Absetzung zu seiner allgemeinen animalischen Natur und zum Tier speziell zeichnet sich der Mensch durch ein besonderes Mittel der Weltbeherrschung aus, das sich in einer Reihe von geistigen Fähigkeiten niederschlägt. In welchen?
(4) (a) Der nächste Schritt stellt die Menschen zueinander in Beziehung. Die *vis rationis* ist das Band, das die Menschen zusammenhält. *Ratio* als „Vernunft" reicht hier nicht aus, sondern zielt auf eine andere Eigenschaft des Menschen hin, die eben auch nur ihm zukommt. Welche? (b) Diese Eigenschaft des Menschen steht im Dienst seiner Mitmenschen. Inwiefern?
(5) Im nächsten Abschnitt wird die spezifische Leistung der Menschen noch eingehender herausgearbeitet. Sie schlägt sich nieder im Bereich des 1. Wissenschaftlichen, 2. Gesellschaftlichen, 3. Ästhetischen und 4. Ethischen. Belegen Sie dies durch die entsprechenden Textstellen!

Noch an einer anderen Stelle der gleichen Schrift verweist Cicero auf die exponierte Stellung des Menschen in der Schöpfung, um damit die hohen Anforderungen, die an ihn gestellt werden, zu rechtfertigen.

Text 58

Pertinet ad omnem officii quaestionem semper in promptu habere, quantum natura hominis pecudibus reliquisque beluis antecedat. Illae nihil sentiunt nisi voluptatem ad eamque feruntur omni impetu. Hominis autem mens discendo alitur et cogitando, semper aliquid aut anquirit aut agit vivendique et audiendi delectatione ducitur.

Pertinet ad: es bezieht sich / trifft zu auf etwas; + inf. = Man sollte; — **officii quaestionem:** ≈ quaestionem de officio; — **in promptu habere:** = vor Augen haben; — **ad eamque:** = et ad eam; — **feruntur:** ≈ aguntur, und zwar instinktmäßig, triebhaft; Gegensatz: ducitur.

(1) Welche Begriffe bezeichnen den Unterschied Mensch – Tier?
(2) (a) Was geschieht mit der Bestimmung, die Epikur dem Menschen zuwies? (b) Zu welcher Gruppe von Epikur-Gegnern gehören diese damit?

(δ) Die Verwirklichung

Die Höhe dessen, was den Menschen zum Menschen macht, ist erklommen: das *honestum*. In welchen Tätigkeiten nun kommt dies zum Durchbruch? Worin verwirklicht sich die gute Anlage?

Text 59

Omne, quod est honestum, id quattuor partium oritur ex aliqua. Aut enim in perspicientia verique sollertiaque versatur aut in hominum societate tuenda tribuendoque suum cuique et rerum contractarum fide aut in animi excelsi atque invicti magnitudine ac robore aut in omnium, quae fiunt quaeque dicuntur, ordine et modo, in quo inest modestia et temperantia.

(1) Das Ziel des Menschen soll das *honestum* sein: das Ehrenhafte, das Sittlichgute. Dieses präsentiert sich in vier Handlungsweisen des Menschen, und zwar in denjenigen, die schon bei der anthropologischen Bestimmung vorkamen. (a) Was steht im Lateinischen für „präsentiert sich" (2 Verben)? (b) Welches sind die Handlungsweisen? Vgl. **57F5**! Suchen Sie deutsche Ausdrücke, belegen Sie diese mit dem Lateinischen!

Die Lebensformen, in denen sich das *honestum* des pflichtbewußten Menschen äußert, sind genannt. Jedoch beläßt es Cicero nicht bei der allgemeinen Darstellung dieser vier Säulen, vielmehr geht er ins Detail. Von der ersten Form sagt er folgendes aus:

---

id ... aliqua: ≈ id oritur ex aliqua (parte) quattuor partium; — **perspicientia (veri):** = Einsicht in, Erkenntnisdrang (theoretisch), Erforschung der Wahrheit; — **sollertia:** = Geschicklichkeit, Kunstfertigkeit, Schöpferkraft (praktisch); — **rerum contractarum fide:** = in der gewissenhaften Einhaltung abgeschlossener Verträge.

Text 60

Quae quattuor quamquam inter se colligata atque implicata sunt, tamen ex singulis certa officiorum genera nascuntur. Velut ex ea parte, quae prima descripta est, in qua sapientiam et prudentiam ponimus, inest indagatio atque inventio veri; eiusque virtutis hoc munus est proprium. Ut enim quisque maxime perspicit, quid in re quaque verissimum sit, quique acutissime et celerrime potest et videre et explicare rationem, is prudentissimus et sapientissimus rite haberi solet. Quocirca huic quasi materia, quam tractet et in qua versetur, subiecta est veritas.

(1) Weisen Sie der ersten Gruppe von **57F5** und **59F1b** die entsprechenden lateinischen Ausdrücke aus **60** zu!

Der Römer, so wie er in seiner (inneren) Gesinnung dem Sittlichen verpflichtet ist, soll auch im äußeren Auftreten Würde und Gelassenheit zeigen. Wie das im einzelnen auszusehen hat, schildert die folgende amüsante Stelle.

Text 61

Cum autem pulchritudinis duo genera sint, quorum in altero venustas est, in altero dignitas, venustatem muliebrem ducere debemus, dignitatem virilem. Ergo et a forma removeatur omnis viro non dignus ornatus, et huic simile vitium in gestu motuque caveatur. Nam et palaestrici motus sunt saepe odiosiores, et histrionum nonnulli gestus ineptiis non vacant; et in utroque genere, quae sunt recta et simplicia, laudantur. Formae autem

---

Quae quattuor: erg. honestorum genera; — **colligata:** colligare = verknüpfen; — **implicata:** implicare = verbinden; — **inest:** Zu erwarten wäre eigentlich nascitur; — **eiusque ... proprium:** ≈ et (proprium munus) eius virtutis (id est sapientiae et prudentiae) est hoc; — **quique:** ≈ ut quisque; — **rite:** = recte; — **huic:** erg. virtuti; — **materia:** = Stoff (der Stoff dieser Tugend ist die Wahrheit).

---

forma: = äußere Gestalt; Antlitz; — **huic:** Bezogen auf ornatus; — **caveatur:** cavere = meiden; caveri: pass. oder = sich hüten vor; — **palaestrici motus:** = Bewegungen, die in der Palaistra (etwa: Schauspielschule) erlernt werden und deren Maß und Haltung steif, weil erzwungen, wirken können. — **odiosiores:** odiosus = anstößig; Komparativ: ziemlich a.; — **histrionum gestus:** = (theatralische) Bewegungen der Schauspieler; — **ineptiis:** ineptiae = Torheiten, Albernheiten; — **genere:** erg. ea; — **coloris**

dignitas coloris bonitate tuenda est, color exercitationibus corporis. Adhibenda praeterea munditia est non odiosa neque exquisita nimis, tantum quae fugiat agrestem et inhumanam neglegentiam. Eadem ratio est habenda vestitus, in quo — sicut in plerisque rebus — mediocritas optima est. Cavendum autem est, ne aut tarditatibus utamur in ingressu mollioribus, ut pomparum ferculis similes esse videamur, aut in festinationibus suscipiamus nimias celeritates, quae, cum fiunt, anhelitus moventur, vultus mutantur, ora torquentur. Ex quibus magna significatio fit non adesse constantiam.

(1) (a) 1. *Venustas* als weiblich-weibische Eigenschaft widerspricht der 2. *dignitas* des römischen Gentleman. Tragen Sie zu beiden die lateinischen Ausdrücke zusammen! (b) Wie beurteilen Sie diesen Idealtyp? (c) Was mag der Epikureer dazu sagen?

Das Bild des vornehmen Römers ist gezeichnet. Indes, der Anspruch an ihn greift noch tiefer. Nicht nur das hiesige Leben gilt es zu bestehen, entscheidend ist das, was ihn nach dem Tod erwartet. Wie die Pflichten im Innersten eines jeden Menschen sich niederschlagen, was sie für sein Nachleben von ihm fordern, wird in den folgenden zwei Texten herausgearbeitet, wo die Diskrepanz zu den Epikureern, die sich ganz auf das irdische Leben ausgerichtet haben, zutage tritt. — Diese Texte mögen zugleich als eine Überleitung zum vierten Abschnitt dienen.

---

bonitate: bonitas = gute Beschaffenheit; — **tuenda est:** tueri = bewahren; — **color:** Blasse Gesichtsfarbe (pallor) galt bei den Römern als Zeichen eines verweichlichten Stubenhockers; durch Sport, Baden und Sonnenbad verschaffte man sich ein gesundes Aussehen (dem man notfalls auch mit Salben nachzuhelfen wußte). — **munditia:** = Sauberkeit; — **exquisita:** → 1; — **tantum quae:** = nur insoweit, daß; — **neglegentiam:** neglegentia = Nachlässigkeit, Unachtsamkeit; — **ratio:** etwa: = Prinzip; — **tarditatibus:** tarditas = Langsamkeit; — **pomparum ferculis:** fercula waren Tragbahren, auf denen anläßlich öffentlicher Aufzüge (pompae) bei Triumphzügen und Zirkusspielen die Beute und Götterbilder in langsamem Schritt getragen wurden; in unserem Text ist fercula = der Zug der Tragenden. — **festinationibus:** festinatio = Eile; — **anhelitus:** = lautes, starkes Atmen; — **torquentur:** torquere = verzerren; — **significatio:** = Anzeichen.

Text 62

Nam quid aliud agimus, cum a voluptate, id est a corpore, cum a re familiari, quae est ministra et famula corporis, cum a re publica, cum a negotio omni sevocamus animum; quid, inquam, tum agimus, nisi animum ad se ipsum advocamus, secum esse cogimus maximeque a corpore abducimus? Secernere autem a corpore animum exquidnam aliud est nisi mori discere? Quare hoc commentemur . . . disiungamusque nos a corporibus, id est consuescamus mori. Hoc, et dum erimus in terris, erit illi caelesti vitae simile; et cum illuc ex his vinclis emissi feremur, minus tardabitur cursus animorum. Nam, qui in compedibus corporis semper fuerunt, etiam cum soluti sunt, tardius ingrediuntur, ut ii, qui ferro vincti multos annos fuerunt. Quo cum venerimus, tum denique vivemus. Nam haec quidem vita mors est, quam lamentari possem, si liberet.

(1) Welches ist das eigentliche und letzte Ziel allen irdischen Lebens, und zwar (a) negativ formuliert und (b) positiv formuliert?
(2) (a) Auf welche Vermittlerinstanz innerhalb seiner selbst hat sich der Mensch zu Lebzeiten auszurichten, um dieses Ziel zu erreichen? (b) Was soll mit dieser Instanz − positiv formuliert − geschehen? (c) Was hat − negativ formuliert − zu geschehen?

Je nachdem, wie der Mensch sich zu Lebzeiten verhalten hat, wird ihm Belohnung oder Strafe im Tod zuteil. Der folgende Text hat eine Stelle aus Platon zur Grundlage, wo dieser den Gesprächsführer Sokrates über das Schicksal der Seele im Tod sprechen läßt.

Text 63

Ita enim censebat itaque disseruit: duas esse vias duplicesque cursus animorum e corpore excedentium. Nam qui se humanis

---

famula: = Dienerin; − **sevocamus:** sevocare ≈ separare ≈ secernere; − **ecquidnam:** = (wohl) irgendetwas; − **commentemur:** commentari = erwägen, überlegen; − **emissi:** emittere = entlassen; − **Nam:** erg. ii; − **compedibus:** compes = Fußfessel, Hemmschuh; − **ferro vincti:** = in Ketten, angekettet; − **Quo cum:** ≈ Cum eo.

vitiis contaminavissent et se totos libidinibus dedissent, quibus caecati vel domesticis vitiis atque flagitiis se inquinavissent vel re publica violanda fraudes inexpiabiles concepissent, iis devium quoddam iter esse, seclusum a concilio deorum. Qui autem se integros castosque servavissent quibusque fuisset minima cum corporibus contagio seseque ab iis semper sevocavissent essentque in corporibus humanis vitam imitati deorum, iis ad illos, a quibus essent profecti, reditum facilem patere. Itaque commemorat, ut cygni — qui non sine causa Apollini dicati sint, sed quod ab eo divinationem habere videantur, qua providentes, quid in morte boni sit —, cum cantu et voluptate moriantur, sic omnibus bonis et doctis esse faciendum.

Eine eingehendere Interpretation oder gar Problematisierung dieses mythologiebeladenen Textes erübrigt sich, da die Schilderung dessen, was die Menschen im Tod erwartet, und fernerhin der hieraus abgeleitete Auftrag an sie, in entsprechender Weise ihr Leben auszurichten, eindeutig genug ist.

---

contaminavissent: contaminare = beflecken; — **caecati:** caecare = blenden; — **quibus:** Bezogen auf libidinibus; — **flagitiis:** flagitium = Schande, Schmach; — **inquinavissent:** inquinare = verunreinigen; — **inexpiabiles:** inexpiabilis = unsühnbar; — **devium:** = abirrend, unvernünftig; — **seclusum:** secludere ≈ separare; — **contagio:** = Berührung; — **essent:** Zu imitati; — **Itaque ... faciendum:** ≈ Itaque commemorat omnibus bonis et doctis faciendum esse ut (faciunt) cygni ...; — **cygni:** cygnus = Schwan; — **dicati:** dicare = weihen, widmen; — **divinationem:** divinatio = Sehergabe; — **qua providentes:** ≈ qua provideant.

4. Abschnitt: Die Philosophie und die Götter

Die beiden letzten Texte aus dem 3. Abschnitt beschäftigen sich damit, wie das irdische Leben zu gestalten sei, um im Tod auf ein gnädiges Urteil der Götter rechnen zu dürfen. Natürlich ist das eben nur **eine** Richtung, die das Wesen der Götter in der geschilderten Weise einstuft. — Damit ergibt sich die Notwendigkeit einer Untersuchung dessen, was für den Römer die Götter bedeuteten. Ihre Existenz, ihr Erkanntwerden und ihre Wirksamkeit wurden heftig diskutiert.

1. Kapitel: Die Thematik

In das Programm und die Problematik führt der folgende Text kurz ein.

Text 64

Cum multae res in philosophia nequaquam satis adhuc explicatae sint, tum perdifficilis ... et perobscura quaestio est de natura deorum, quae et ad agnitionem animi pulcherrima est et ad moderandam religionem necessaria. De qua tam variae sunt doctissimorum hominum tamque discrepantes sententiae, ut id magno argumento esse debeat causam philosophiae esse inscientiam.

(1) Der ganze vierte Abschnitt beschäftigt sich mit den Göttern. Halten Sie es für normal, daß Philosophen sich auf dieses Thema einlassen? Haben Sie im Philosophie- oder im Religionsunterricht Philosophen (späterer Zeiten) behandelt, die das gleiche getan haben?

2. Kapitel: Die Epikureer

(a) Die Erkenntnis

Wurden in der griechischen Mythologie die Götter mit menschlichen Schwächen behaftet — d. i. mit Begierden, Unbeherrschtheiten, Haß, Zank, Streitereien, Schlachten, Kriegen, Nieder-

---

Cum — tum: ! — **sint:** ≈ sunt; — **agnitionem:** agnitio = Erkenntnis; — **moderandam:** moderare = beherrschen, lenken; — **discrepantes:** discrepans = strittig; — **argumento esse:** = ein Beleg dafür sein, daß.

lagen –, so distanzieren sich die Epikureer von derlei Verirrungen und Narrheiten der Dichter, desgleichen von den Wahnideen der großen Masse; denn:

Text 65

Ea qui consideret, quam inconsulte ac temere dicantur, venerari Epicurum et in eorum ipsorum numero, de quibus haec quaestio est, habere debeat. Solus enim vidit primum esse deos, quod in omnium animis eorum notionem impressisset ipsa natura. Quae est enim gens aut quod genus hominum, quod non habeat sine doctrina anticipationem quandam deorum? Quam appellat *πρόληψιν* Epicurus, id est anteceptam animo rei quandam informationem, sine qua nec intellegi quicquam nec quaeri nec disputari potest. Cuius rationis vim atque utilitatem ex illo caelesti Epicuri de regula et iudicio volumine accepimus.

(1) Worin sieht Epikur die Existenz der Götter bewiesen?
(2) Diesem aus der Empirie abgelesenen Faktum gibt Epikur eine andere Wendung: Er gelangt zu einer Erkenntnis – oder zu einer Behauptung, die eben nicht mehr nur abgelesen ist. Was nämlich behauptet er?
(3) Der dritte Satz soll als Begründung (*enim!*) für den zweiten gelten und seine Folgerung noch einmal festigen. Wie bezeichnet er die Erkenntnisart, durch die wir der Existenz der Götter versichert werden?

(b) Die Existenz

Diese Prolepsis ist eine Erkenntnisart, über deren wissenschaftlichen Wert man streiten, vielleicht sogar lächeln mag. Für die Epikureer bedeutet sie mehr. Denn für jeden einzelnen ergibt sich hieraus eine eminent wichtige Konsequenz:

---

inconsulte: = unüberlegt; – **notionem:** notio = Begriff; – **anticipationem:** anticipatio = Vorbegriff; – *πρόληψιν*: Akkusativ zu *πρόληψις* = Vorwegnahme, Vorherahnen; – **informationem:** informatio = Vorstellung, Begriff; – **rationis:** ratio = Methode; – **caelesti:** caelestis = himmlisch, göttlich; – **volumine:** ≈ libro (zu caelesti); – **regula:** = Regel, Richtschnur.

Text 66

Cum ... non instituto aliquo aut more aut lege sit opinio constituta maneatque ad unum omnium firma consensio, intellegi necesse est esse deos, quoniam insitas eorum vel potius innatas cognitiones habemus. De quo autem omnium natura consentit, id verum esse necesse est. Igitur deos confitendum est. — Quod quoniam fere constat inter omnes non philosophos solum, sed etiam indoctos, fateamur constare illud etiam: hanc nos habere sive anticipationem — ut ante dixi — sive praenotionem deorum. Sunt enim rebus novis nova ponenda nomina, ut Epicurus ipse πρόληψιν appellavit, quam antea nemo eo verbo nominarat. Hanc igitur habemus, ut deos beatos et immortales putemus.

(1) Zeichnen Sie Epikurs Folgerung genau nach:
Mit welchen lateinischen Wörtern bezeichnet er das Vorhandensein einer Vorstellung von den Göttern? Ziehen Sie Text 65 hinzu!
(2) Die Folgerung hieraus wurde bereits in Text 65 ersichtlich. Sie lautet auch hier in 66: Existenz der Götter *(esse; confitendum est)*. Beachten Sie, wie Epikur jetzt fortfährt. Was fällt Ihnen an dem folgenden Argument *(Quod quoniam ...)* auf?

(c) Das Wesen

Gesichert ist zweierlei: der je individuelle Glaube an die Götter und damit die Tatsache ihrer **Existenz**. Im Anschluß an letztere ergibt sich die Frage nach der **Essenz** von selbst: Wie sind die dergestalt unbestrittenen Götter beschaffen? Welches ist ihr Wesen, ihr Charakteristikum, ihre Eigenart?

Text 67

Quae enim nobis natura informationem ipsorum deorum dedit, eadem insculpsit in mentibus, ut eos aeternos et beatos habere-

---

instituto: institutum = Vorschrift, Anleitung; — **ad unum omnium:** = ohne Ausnahme, ausnahmslos; — **consensio:** = Übereinstimmung; — **natura:** = die natürliche Anlage (zu empfinden und zu denken); **deos:** erg. esse; — **praenotionem:** prae-notio = Vor-begriff; — **Sunt ... nomina:** ≈ Nam novis rebus nova nomina ponenda sunt. — **Hanc:** ≈ Talem (praenotionem).

Quae ... informationem ... insculpsit: ≈ Eadem enim natura, quae nobis informationem ipsorum deorum dedit, insculpsit ...

mus. Quod si ita est, vere exposita illa sententia est ab Epicuro, quod beatum aeternumque sit, id nec habere ipsum negotii quicquam nec exhibere alteri. Itaque neque ira neque gratia teneri, quod, quae talia essent, imbecilla essent omnia. — Si nihil aliud quaereremus, nisi ut deos pie coleremus et ut superstitione liberaremur, satis erat dictum. Nam et praestans deorum natura hominum pietate coleretur, cum et aeterna esset et beatissima — habet enim venerationem iustam quicquid excellit —; et metus omnis a vi atque ira deorum pulsus esset. Intellegitur enim a beata immortalique natura et iram et gratiam segregari. Quibus remotis nullos a superis impendere metus.

(1) Zeichnen Sie auch hier Epikurs „Begründungs"gang hinsichtlich des Wesens der Götter genau nach: (a) Welche „Information" gibt uns die Natur? (b) Was folgert Epikur hieraus? Versuchen Sie, die allgemeinste Bestimmung an den Anfang zu setzen und die spezielleren folgen zu lassen!
(2) Was wird als Ziel der epikureischen Philosophie angegeben?

Die Frage, ob die Götter ins Leben der Menschen furchterregend eingreifen, ist geklärt. Aber zur Bekräftigung dieser Vorstellung sucht der Mensch noch nach weiteren Kriterien beim göttlichen Wesen.

Text 68

Ac de forma quidem partim natura nos admonet, partim ratio docet. Nam a natura habemus omnes omnium gentium speciem nullam aliam nisi humanam deorum. Quae enim forma alia occurrit umquam aut vigilanti cuiquam aut dormienti? — Sed, ne omnia revocentur ad primas notiones, ratio hoc idem ipsa declarat. Nam cum praestantissimam naturam — vel quia beata est vel quia sempiterna — convenire videatur eandem esse pulcher-

---

Epicuro ... id: ≈ Epicuro id, quod; — **exhibere:** = darbieten, verursachen; — **Itaque:** erg. eos (= deos); — **superstitione:** superstitio = Aberglauben; — **erat dictum:** ≈ dictum esset; — **habet ... excellit:** nam (omne) id, quod excellit, habet iustam venerationem (= Verehrung); — **segregari:** segregare ≈ separare; — **a superis:** ≈ a deis.

Nam ... deorum: ≈ Nam homines omnium gentium habent a natura nullam aliam speciem deorum nisi humanam (speciem). — **primas notiones:** ≈ anticipationes; — **convenire:** = stimmen, folgerichtig sein; —

rimam, quae compositio membrorum, quae conformatio liniamentorum, quae figura, quae species humana potest esse pulchrior?

(1) Welche äußere Gestalt *(forma)* haben die Götter?
(2) Wie lauten die Belege hierfür? Versuchen Sie vor allem, den zweiten „Beweisgang" nachzukonstruieren!

Der folgende Passus untermauert diesen Gedanken noch mit einem anderen wesentlichen Attribut des Menschen.

Text 69

Quodsi omnium animantium formam vincit hominis figura, deus autem animans est, ea figura profecto est, quae pulcherrima est omnium. Quoniamque deos beatissimos esse constat, beatus autem esse sine virtute nemo potest nec virtus sine ratione constare nec ratio usquam inesse nisi in hominis figura, hominis esse specie deos confitendum est. — Nec tamen ea species corpus est, sed quasi corpus; nec habet sanguinem, sed quasi sanguinem.

(1) Welcher neue Aspekt tritt hier auf?
(2) Zeichnen Sie auch diesen sogenannten Beweisgang genau nach!

(d) Die Kritik an den Gegnern

Wie engagiert die Epikureer ihre Götterlehre vortragen, das kommt immer wieder in ihrer Auseinandersetzung mit ihren Kontrahenten zum Ausdruck. So beschäftigen sie sich im folgenden Passus mit zwei zentralen Begriffen der stoischen Philosophie.

Text 70

Imposuistis (in cervicibus nostris) sempiternum dominum, quem (dies et noctes) timeremus. Quis enim (non timeat) omnia providentem et cogitantem et animadvertentem et — omnia (ad se) pertinere putantem) — (curiosum et plenum negotii deum)? — Hinc vobis exstitit primum (illa fatalis necessitas), quam εἱμαρμένην

---

compositio: = Zusammensetzung, Anordnung.

---

animantium: animans = Lebewesen; — **in hominis figura:** erg. potest.

---

cervicibus: cervix = Nacken; — **curiosum:** = voll Sorge, sich kümmernd um; — **deum:** hinter timeat stellen; — **fatalis:** = vom Schicksal verhängt;

dicitis, ut, quicquid accidat, id ex aeterna veritate causarumque continuatione fluxisse dicatis. Quanti autem haec philosophia aestimanda est, cui tamquam aniculis – et iis quidem indoctis – fato fieri videantur omnia? – Sequitur μαντική vestra – quae Latine divinatio dicitur –, qua tanta imbueremur superstitione (si vos audire vellemus), ut haruspices, augures, harioli, vates, coniectores nobis essent colendi. – His terroribus ab Epicuro soluti et in libertatem vindicati nec metuimus eos, quos intellegimus nec sibi fingere ullam molestiam nec alteri quaerere. Et pie sancteque colimus naturam excellentem atque praestantem.

(1) (a) Epikur **sieht**, wie die Menschen sich ihr Leben schwer machen. Aber hierbei verharrt er nicht – er fragt nach dem **Grund**. Worin sieht er diesen? (b) Ist dies ein zwingender Beweis?

3. Kapitel: Die Stoa

(a) Die Kritik an den Gegnern

Die Stoiker ihrerseits scheuen sich nicht, mit Vehemenz die Schwächen und Widersinnigkeiten der Epikureer aufzuzeigen und dabei ihre eigenen Ansichten entgegenzustellen, zu begründen und zu verteidigen.

Text 71

Sunt enim philosophi et fuerunt, qui omnino nullam habere censerent rerum humanarum procurationem deos. Quorum si vera sententia est, quae potest esse pietas, quae sanctitas, quae religio? Haec enim omnia pure atque caste tribuenda deorum

---

– εἱμαρμένην: Akkusativ zu εἱμαρμένη = das Zugeteilte, Schicksal; – **continuatione:** continuatio = Zusammenhang; – **aniculis:** anicula = altes Weib, Mütterchen; – **omnia:** vor fato stellen; – μαντική = Wahrsagekunst; – **imbueremur:** imbuere = benetzen, eintauchen; – **haruspices:** haruspex = Opferbeschauer, Weissager; – **augures:** augur = Vogeldeuter (beobachtet und gedeutet wurden Flug, Stimmen und Futteraufnahme der Vögel); – **harioli:** hariolus = Wahrsager, Weissager; – **vates:** = Weissager, Seher; – **coniectores:** coniector = Traumdeuter.

---

qui ... deos: ≈ qui censerent deos omnino nullam procurationem (= Fürsorge) rerum humanarum habere. – **Quorum ... est:** ≈ Si eorum sententia vera est. – **sanctitas:** = Heiligkeit; – **caste:** ≈ pie; – **ita:** = nur

numini ita sunt, si animadvertuntur ab iis et si est aliquid a deis immortalibus hominum generi tributum. — Sin autem dei neque possunt nos iuvare nec volunt nec omnino curant nec, quid agamus, animadvertunt nec est, quod ab iis ad hominum vitam permanare possit, quid est, quod ullos deis immortalibus cultus, honores, preces adhibeamus? In specie autem fictae simulationis, sicut reliquae virtutes, item pietas inesse non potest, cum qua simul sanctitatem et religionem tolli necesse est, quibus sublatis perturbatio vitae sequitur et magna confusio. Atque haud scio, an pietate adversus deos sublata fides etiam et societas generis humani et una excellentissima virtus, iustitia, tollatur.

(1) Auf den fundamentalen Vorwurf seitens der Epikureer, die Stoiker schürten mit ihrer Theorie von den Göttern Angst bei den Menschen, gehen diese — zunächst — nicht ein. Sie halten sich nur an die Weigerung der Epikureer, den Göttern irgendeinen Einfluß auf das menschliche Leben zuzugestehen. Wie widerlegen die Stoiker diese Haltung der Epikureer?
(2) Nun könnten ja beide, sowohl Epikureer als auch Stoiker, auf Götterverehrung verzichten. Das jedoch tun sie nicht.
(a) Wenn die Epikureer den Göttern Verehrung erweisen, als was deuten das dann die Stoiker? (b) Wenn die Stoiker den göttlichen Kult pflegen, was wollen sie damit verhindern? In welchen Bereich blicken sie?

Die Wahrheit über Epikurs Götterglauben: die Unhaltbarkeit dieser seiner Lehre, wird im folgenden Abschnitt ausgesprochen.

Text 72

Quae ... potest esse sanctitas, si dei humana non curant? Quae autem animans natura nihil curans? Verius est igitur nimirum illud, quod ... Posidonius disseruit in libro quinto de natura deorum: nullos esse deos Epicuro videri; quaeque is de deis

---

dann; — **sunt:** Zu tribuendá; — **animadvertuntur:** erg. haec; — **nec est:** erg. aliquod; — **permanare:** = durchströmen, eindringen; — **quid est, quod:** = was für eine Veranlassung besteht dann noch, daß; — **specie ... fictae simulationis:** Pleonasmus; species = Schein; simulatio = Heuchelei; — **una:** = gleichzeitig hiermit.

---

animans: = beseelt, belebt; — **nimirum:** = ohne Zweifel; — **nullos ... videri:** ≈ Epicuro videri nullos deos esse; — **detestandae:** detestari = ab-

immortalibus dixerit, invidiae detestandae gratia dixisse. Neque enim tam desipiens fuisset, ut homunculi similem deum fingeret, liniamentis dumtaxat extremis, non habitu solido, membris hominis praeditum omnibus, usu membrorum ne minimo quidem, exilem quendam atque perlucidum, nihil cuiquam tribuentem, nihil gratificantem omnino, nihil curantem, nihil agentem. Quae natura primum nulla esse potest. Idque videns Epicurus re tollit, oratione relinquit deos. — Deinde, si maxime talis est deus, ut nulla gratia, nulla hominum caritate teneatur, valeat. Quid enim dicam ,,propitius sit!''? Esse enim propitius potest nemini, quoniam — ut dicitis — omnis in imbecillitate est et gratia et caritas.

(1) Dem Argument aus **71** fügen die Stoiker ein weiteres hinzu. Dabei sehen sie geschickt von den **Konsequenzen** der epikureischen Behauptung für die Menschen ab, statt dessen blicken sie nur auf die **Definition** der Gottheit selbst — und halten den Epikureern eine Widersinnigkeit vor. Welche?
(2) (a) Die Konsequenz, die Epikur aus seinem in sich widerspruchsvollen Gottesbegriff hätte ziehen müssen, spricht Poseidonius in ungeschminkter Härte aus. Was sagt er? (b) Wie erklärt derselbe Epikurs Inkonsequenz?
(3) Epikur läßt die Götter in beschaulichem Nichtstun verharren. (a) Wie bewertet der Stoiker diese Tatenlosigkeit? (b) Wie lautete hingegen der umgekehrte Vorwurf der Epikureer gegen die Stoa? Vgl. **67F 1 b**!
(4) Das letzte Argument der Stoiker — ,,Dann wären Gebete an die Gottheit überflüssig.'' — trifft die Epikureer natürlich nicht. Inwiefern nicht?

Nachdem sich die Stoiker von den Epikureern gehörig distanziert haben, ist es recht und billig, von ihnen eine positive Darstellung ihrer eigenen Lehre zu erwarten. Diese sei im folgenden unter vier Gesichtspunkten dargestellt.

---

wenden; — **gratia:** = causa; — **desipiens:** = töricht; — **homunculi:** homunculus = schwacher, armer Mensch; — **liniamentis:** liniamentum = Umriß; — **dumtaxat:** = nur; — **exilem:** exilis = dürr, mager, kraftlos; — **perlucidem:** perlucidis = durchsichtig; — **gratificantem:** gratificari = gefällig sein, darbringen; — **re:** = re vera; — **valeat:** = dann möge er wohlleben, dann ade, dann kann er mir gestohlen bleiben; — **in imbecillitate est:** = auf Schwäche beruht.

(b) Die Existenz und ihre Konsequenzen

Text 73

Omnino dividunt nostri totam istam de dis immortalibus quaestionem in partes quattuor. Primum docent esse deos, deinde quales sint, tum mundum ab iis administrari, postremo consulere eos rebus humanis.

(1) Stellen Sie die vier Bereiche, die hier programmatisch genannt werden, in Form von Substantiven dar, so als ob Sie Kapitelüberschriften bilden sollten.

Eine andere Textstelle zeigt, wie in einem zentralen Terminus — an dem die Epikureer gerade mit ihrer Kritik ansetzen — die ganze Lehre der Stoiker zusammengefaßt ist.

Text 74

Dico igitur providentia deorum mundum et omnes mundi partes et initio constitutas esse et omni tempore administrari. Eamque disputationem tres in partes nostri fere dividunt, quarum prima est, quae ducitur ab ea ratione, quae docet esse deos. Quo concesso confitendum est eorum consilio mundum administrari. Secunda est autem, quae docet omnes res subiectas esse naturae sentienti ab eaque omnia pulcherrime geri. Quo constituto sequitur ab animantibus principiis ea esse generata. Tertius est locus, qui ducitur ex admiratione rerum caelestium atque terrestrium.

(1) Die Existenz der Götter ist unumstritten. Versuchen Sie, die Folgerungen, die sich für die Stoiker hieraus ergeben, in einer sinnvollen Abfolge darzustellen.

(c) Die Beschaffenheit

Aus der Tatsache, daß Götter existieren, leiten die Stoiker deren Beschaffenheit ab.

---

nostri: = Stoici; — **ducitur:** ducere = ableiten; — **Quo constituto:** = Wenn das feststeht; — **generata:** generare = erzeugen; — **locus:** = Punkt, Aspekt.

Text 75

Necesse est, cum sint dei — si modo sunt, ut profecto sunt — animantes esse, nec solum animantes, sed etiam rationis compotes inter seque quasi civili conciliatione et societate coniunctos, unum mundum ut communem rem publicam atque urbem aliquam regentes. — Sequitur, ut eadem sit in iis, quae humano in genere, ratio, eadem veritas utrobique sit eademque lex, quae est recti praeceptio pravique depulsio. Ex quo intellegitur prudentiam quoque et mentem a deis ad homines pervenisse.

(1) Es geht den Stoikern nicht nur um das Eingreifen der Götter ins irdische Geschehen. Auch untereinander ist das Leben der Götter nach menschlichen Vorstellungen geregelt. Wie nämlich?
(2) (a) Der „Beweisgang" der stoischen Vorstellung hinsichtlich des Vergleichs Gottheit — Menschheit legt auch hier den Verdacht auf einen Zirkel nahe. Inwiefern? (b) Oder sehen Sie dennoch einen Unterschied im Aspekt, was zur Folge hätte, daß eben doch kein Zirkel vorliegt?

(d) Die Leistungen

Noch einmal werden aus der Existenz der Götter deren Leistungen abgeleitet (vgl. Text **74**), was jedoch nicht daran hindert, daß diese Behauptung problematisiert wird.

Text 76

Qui deos esse concedant, iis fatendum est eos aliquid agere idque praeclarum. Nihil est autem praeclarius mundi administratione; deorum igitur consilio administratur. Quod si aliter est, aliquid profecto sit necesse est melius et maiore vi praeditum

---

animantes: erg. davor eos; — **compotes:** compos = particeps = teilhaftig, mächtig; — **inter seque:** = et inter se; — **ratio:** zu eadem; — **utrobique:** = auf beiden Seiten, in beiden Fällen; — **eadem veritas:** erg. davor et; — **praeceptio:** = Unterweisung, Vorschrift; — **depulsio:** = Abweisung, Abwehr.

---

iis: dat. auct.; — **idque:** = und zwar; — **aliquid...:** ≈ necesse es(se)t

quam deus, quale id cumque est, sive inanima natura sive necessitas, vi magna incitata haec pulcherrima opera efficiens, quae videmus.

(1) Die Stoiker sind bereit, ihre Verknüpfung von Existenz (der Götter) und Verwaltung (der Welt) in Frage stellen zu lassen. Wie gelingt es ihnen aber doch wieder, beide Gedanken miteinander zu verklammern?

Text 77

Nihil est ... praestantius deo. Ab eo igitur mundum necesse est regi. Nulli igitur est naturae oboediens aut subiectus deus, omnem ergo regit ipse naturam. Etenim si concedimus intellegentes esse deos, concedimus etiam providentes, et rerum quidem maximarum. Ergo utrum ignorant, quae res maximae sint quoque eae modo tractandae et tuendae; an vim non habent, qua tantas res sustineant et gerant? At et ignoratio rerum aliena naturae deorum est, et sustinendi muneris propter imbecillitatem difficultas minime cadit in maiestatem. Ex quo efficitur id, quod volumus: deorum providentia mundum administrari.

Text 78

Cum... sint in nobis consilium, ratio, prudentia, necesse est deos haec ipsa habere maiora, nec habere solum, sed etiam iis uti in maximis et optimis rebus. Nihil autem nec maius nec melius mundo. Necesse est ergo eum deorum consilio et providentia administrari.

(1) Die Texte **77** und **78** bringen gedanklich nichts wesentlich Neues hinzu; sie dienen vielmehr als ein Beleg dafür, mit was für beredten Worten Cicero den Vertreter der Stoa auftreten läßt, um immer wieder die Tätigkeit der Götter zu erweisen — wobei

---

aliquid melius ... sit/esset. — **quale id cumque est:** ≈ qualecumque (= wie beschaffen auch immer) id es(se)t. — **vi ... efficiens:** ≈ quae — magna vi incitata — haec pulcherrima opera efficitur.

---

naturae: zu nulli; — **Etenim:** = nun; — **concedimus:** erg. eos esse; — **ignorant:** erg. (als Subjekt) dei; — **quoque eae modo:** ≈ et quo modo eae; — **difficultas:** vor sustinendi muneris; — **cadit:** cadere in = passen zu, übereinstimmen mit.

die beständige Wiederholung der Argumente gerade **gegen** deren Beweiskraft sprechen könnte. Stellen Sie — um die mehr hektische als logisch zwingende Argumentation des Stoikers in den Griff zu bekommen — aus den Stücken **74** bis **78** alle diejenigen Ausdrücke zusammen, die eine logische Folgerung bezeichnen! Nehmen Sie **79** und **80** dazu. Beachten Sie die zum Teil kurze Aufeinanderfolge dieser Termini.

(e) Das Verhältnis zum Menschen

Ging schon aus dem letzten Text die Verquickung von Göttlichem und Menschlichem hervor, so wird diese in den folgenden Texten thematisiert. — Nach einer detaillierten Darstellung der wunderbaren Weltordnung heißt es.

Text 79

Sic undique omni ratione concluditur mente consilioque divino omnia in hoc mundo ac salutem omnium conservationemque admirabiliter administrari. — Hic quaeret quispiam, cuiusnam causa tantarum rerum molitio facta sit. Arborum et herbarum, quae — quamquam sine sensu sunt — tamen a natura sustinentur? At id quidem absurdum est. An bestiarum? Nihilo probabilius deos mutarum et nihil intelligentium causa tantum laborasse. Quorum igitur causa quis dixerit effectum esse mundum? Eorum scilicet animantium, quae ratione utuntur. Hi sunt di et homines, quibus profecto nihil est melius. Ratio est enim, quae praestet omnibus. Ita fit credibile deorum et hominum causa factum esse mundum quaeque in eo sint omnia.

Text 80

Ad hanc providentiam naturae tam diligentem tamque sollertem adiungi multa possunt. E quibus intellegatur, quantae res hominibus a dis quamque eximiae tributae sint. Quae primum eos

---

conservationem: conservatio = Bewahrung, Erhaltung; — **molitio:** = mühevolles Unternehmen; — **Arborum ... herbarum ... bestiarum:** erg. causa; — **Nihilo probabilius:** erg. est = Es ist in keiner Weise wahrscheinlicher. — **quis dixerit:** = soll man sagen, darf man annehmen; — **quaeque ... omnia:** ≈ et ea omnia, quae in eo sint.

---

quantae ... sint: ≈ quantae et quam eximiae res hominibus a deis tributae sint; — **Quae:** worauf bezogen? Überliefert ist jedoch auch: Qui

humo excitatos celsos et erectos constituit, ut deorum cognitionem caelum intuentes capere possent.

Die geistige Verwandtschaft der Götter mit den Menschen und die Bedeutung innerhalb des Weltalls soll zum Abschluß noch einmal anklingen.

Text 81

Ipse mundus deorum hominumque causa factus est; quaeque in eo sunt, ea parata ad fructum hominum et inventa sunt. Est enim mundus quasi communis deorum atque hominum domus aut urbs utrorumque. Soli enim ratione utentes iure ac lege vivunt.

(1) Die Welt ist für den Menschen und die Götter selbst geschaffen worden. Welches ist die Klammer, die beide miteinander verbindet?

(worauf wäre dies bezogen?). — **celsos:** celsus = hoch, emporragend.

---

parata: erg. sunt.

Quellenverzeichnis der Texte:

Die Abkürzungen der Quellenangaben bedeuten:

Für Cicero:

Acad.	=	Academicae quaestiones
De or.	=	De oratore
Fin.	=	De finibus bonorum et malorum
Nat.	=	De deorum natura
Off.	=	De officiis
Or.	=	Orator ad M. Brutum
Rep.	=	De re publica
Tusc.	=	Tusculanae Disputationes

Für Lactanz:
Div. Inst. = Institutiones Divinae

Text 1: Cic. Fin. I, 1,1
Text 2: Cic. Fin. I, 1,2
Text 3: Cic. Acad. II, 2,5
Text 4: Cic. Tusc. II, 1,1
Text 5: Cic. Fin. I, 3,10–4,10
Text 6: Cic. Nat. I, 3,7–4,8
Text 7: Cic. Tusc. I, 1,1–3 und 3,5
Text 8: Cic. Tusc. II, 2,5 und 2,6–3,7
Text 9: Cic. Off. II, 1,2–2,5
Text 10: Cic. Or. IV, 14
Text 11: Cic. Off. I, 1,1
Text 12: Cic. De or. III, 15,56–16,61
Text 13: Cic. Tusc. I, 4,7
Text 14: Cic. Off. I, 21,72–73
Text 15: Cic. Rep. I, 3,4
Text 16: Cic. Rep. II, 5,9
Text 17: Cic. Off. I, 20,69–70
Text 18: Cic. Off. I, 21,70–71
Text 19: Cic. Rep. I, 5,9–6,11
Text 20: Cic. Rep. I, 4,8
Text 21: Cic. Rep. I, 25,39
Text 22: Lact. Div. Inst. VI, 10,13–15,18
Text 23: Cic. Rep. I, 26,41
Text 24: Cic. Rep. I, 26,42–27,43
Text 25: Cic. Rep. I, 35,54
Text 26: Cic. Rep. I, 35,55
Text 27: Cic. Rep. I, 34,51–53
Text 28: Cic. Rep. I, 31,47
Text 29: Cic. Rep. I, 35,55
Text 30: Cic. Rep. I, 32,48–49
Text 31: Cic. Rep. I, 28,44
Text 32: Cic. Rep. II, 26,47–27,49